Wolfgang Schütz

27 Spiele für den Französischunterricht

Kurze kreative Übungen für motivierendes Lernen und zur Förderung der sozialen Entwicklung

Der Autor

Wolfgang Schütz arbeitete nach seiner Zeit als Schulleiter zuletzt als Oberstudienrat parallel an einem Gymnasium und einer Stadtteilschule in Hamburg. Er unterrichtet schwerpunktmäßig die Fächer Englisch und Französisch. In diesen Bereichen hat er schon einige Schulbücher veröffentlicht.

Gedruckt auf umweltbewusst gefertigtem, chlorfrei gebleichtem und alterungsbeständigem Papier.

1. Auflage 2017

Covergrafik: Stefan Lucas
Satz: Graph & Glyphe, Offenburg

ISBN: 978-3-403-20142-7

www.persen.de

INHALTSVERZEICHNIS

VORWORT

Während meiner gesamten Schulzeit, sowohl in der Grundschule als auch am Gymnasium, gab es keine Spiele im Unterricht. Der «Ernst des Lebens» ließ der Nachkriegspädagogik dafür keinen Raum. Aufgabe des Schülers[1] war es, an den Lippen des Lehrers zu hängen, dem Unterricht ruhig und diszipliniert zu folgen und für die nächste Arbeit zu lernen. Kurzum: In der Schule galt das von meiner Großmutter immer wieder zu hörende und auch in ihrem eigenen Leben vertretene Prinzip «Erst die Arbeit, dann das Vergnügen!».

Spiele sind mittlerweile zu einem selbstverständlichen und in der Pädagogik mehr und mehr anerkannten Bestandteil des Unterrichts geworden.

Von den Vorteilen, die Unterrichtsspiele bieten, steht sicher die Förderung der sozialen Entwicklung der dem Lehrer anvertrauten Schüler im Vordergrund.

Je nach Ausrichtung und Zielsetzung des Spiels lernen Schüler die Bedeutung der Teamarbeit kennen. Die Mitglieder der Spielgruppe erfahren eine Wertschätzung durch den erfolgreichen Einsatz ihrer Fähigkeiten. Mitspieler arbeiten zusammen, um ein gemeinsames Ziel zu erreichen.

In zweiter Linie ist das Unterrichtsspiel in seinen verschiedenen Facetten eine sehr geeignete Form des motivierenden Lernens.

Des Weiteren kann Spaß am Spiel eine erfolgversprechende Form und Möglichkeit der Lernanstrengung darstellen. Ohne großen, zusätzlichen Lernaufwand kann der Schüler viel vom Unterricht mitnehmen.

Abschließend möchte ich einen bedeutenden Aspekt nicht unerwähnt lassen. Gerade in unserer heutigen, vielfach vom Elternhaus nicht nur akzeptierten, sondern auch gegenüber den Kindern vertretenen Ellenbogengesellschaft ist es wichtig, die Frustrationstoleranz der Spieler zu stärken. Sie sollen akzeptieren lernen, dass sie nicht immer die Zahl würfeln können, die sie sich wünschen, dass Niederlagen im Spiel jederzeit möglich sind. Insofern sind Unterrichtsspiele eine gute Vorbereitung auf das Leben.

1 Wir sprechen hier wegen der besseren Lesbarkeit von Schülern bzw. Lehrern in der verallgemeinernden Form. Selbstverständlich sind auch alle Schülerinnen und Lehrerinnen gemeint.

ÜBERSICHTSTABELLE KOMPETENZEN

	Leseverstehen/ Textverstehen	Schreiben/ Textproduktion	Sprechen	Hörverstehen/ Hör-Seh-Verstehen	Landeskunde	Grammatik	Wortschatz	Orthografie	Aussprache/ Intonation
Quizspiele									
Faire connaissance de la France				X	X				X
Deviner des personnages éminents			X			X	X		X
Deviner des termes et personnages			X			X	X		X
Allez les Bleus					X				X
Chien, Chat, Souris							X	X	X
Zahlenspiele									
«Pierre appelle Paul»			X	X					X
Bingo				X					X
Jeu de calcul mental			X	X					X
Würfelspiele									
Tour de France	X								
Lire des nombres	X			X					X
Gedächtnisspiele									
Carte Heuristique		X	X				X	X	X
Je mets dans ma valise ...			X	X			X	X	X
Konzentrationsspiele									
Jeu de réseau	X						X	X	X
Jeu de syllabes	X			X			X	X	X
Substantif/Adjectif/Verbe		X	X				X	X	X
Jeu de coins				X	X		X		
Vokabelspiele									
Acheter des lettres				X			X	X	
Chaîne de mots				X			X	X	
Trouvez l'intrus		X	X				X		
Jeu d'escalier		X	X					X	
Champs sémantiques							X	X	X
Grammatikspiele									
Le présent/le passé composé		X				X	X	X	X
Les verbes irréguliers		X				X	X	X	X
Rollenspiele									
Scènes de vie quotidienne			X	X			X		
Pantomime			X	X			X		X
Aussprachespiel									
Perfectionner l'accent			X	X			X		X

FAIRE CONNAISSANCE DE LA FRANCE

Spielart:	Quizspiel
Thema:	Landeskunde
Ziel:	Erwerb und Festigung landeskundlicher Kenntnisse durch Beantwortung von Multiple-Choice-Fragen
Klassenstufe:	5–10
Dauer:	je nach Spielvariante ca. 5–15 Minuten
Sozialform:	je nach Spielvariante alle zusammen (in zwei Gruppen) oder jeder gegen jeden
Material:	100 Quizkarten (S. 41)

DURCHFÜHRUNG

Der Lehrer mischt die Karten gut durch und teilt die Klasse in zwei Hälften (z. B. Mädchen gegen Jungen/links sitzende gegen rechts sitzende Gruppenhälfte). Er stellt Gruppe 1 eine Frage und benennt einen der sich für die Antwort meldenden Schüler. Beantwortet dieser die Frage richtig, bekommt Gruppe 1 den Punkt. Ist die Antwort falsch, lässt der Lehrer einen Schüler der Gruppe 2 die Frage beantworten. Ist dessen Antwort richtig, erhält Gruppe 2 nicht nur den Punkt, sondern ist zusätzlich für die nächste Frage an der Reihe. Können beide Gruppen die Frage nicht beantworten, gibt es für Gruppe 1 eine Ersatzfrage.

SPIELVARIANTE 1

zwei Gruppen/Auswertung durch Partner

Die Schüler der Gruppe sitzen paarweise zusammen, wobei aber jeder für sich allein um Punkte kämpft. Diesmal stellt der Lehrer eine Frage an alle Schüler der Gruppe. Diese schreiben die Nummer der Frage und den Lösungsbuchstaben (a, b oder c) auf ein Blatt Papier. Danach gibt der Lehrer die Antwort bekannt. Er sollte, je nach Leistungsstärke der Lerngruppe, entscheiden, in welcher Sprache das Quiz durchgeführt wird. Zudem erweist es sich häufig als sinnvoll, dass der Lehrer den Schülern im Bedarfsfall Erläuterungen zu den Lösungen gibt oder Rückfragen dazu beantwortet. Die paarweise sitzenden Schüler kontrollieren sich gegenseitig. Zu diesem Zweck wird die Liste mit den Lösungen kopiert und an die Paare zur Selbstkontrolle verteilt. Der Lehrer überträgt am Ende des Spiels die Punkte für jeden Schüler auf eine Gruppenliste. Nach vorheriger Absprache stehen so am Ende des Spiels ein «Tagessieger» oder die drei Erstplatzierten fest.

SPIELVARIANTE 2

Jeder gegen jeden

Der Lehrer händigt dem Schüler, der die richtige Antwort gegeben hat, das entsprechende Quizkärtchen aus. Am Spielende werden, analog der Anzahl der erworbenen Karten, der Gewinner oder die drei Erstplatzierten ermittelt.

HINWEISE

Nach meinen Erfahrungen erweist es sich mit Blick auf die Schüler als sinnvoll, wenn der Lehrer nach bestimmten Fragen ergänzend einige Detailinformationen folgen lässt.

Das kann z. B. nach so einer bekannten Frage wie nach dem Wahrzeichen der französischen Hauptstadt sein. Natürlich wissen die Schüler fast ausnahmslos, dass es sich um den Eiffelturm handelt, weitere Kenntnisse sind meistens jedoch nicht vorhanden. So nehmen die Schüler sehr gern zusätzliche Hinweise auf. Es erstaunt sie zu erfahren, dass z. B. die Schwankungsbreite auf dem obersten Aussichtsplateau 20 cm beträgt, dass der Turm alle sieben Jahre einen neuen Anstrich erhält, dass die Pariser den Eiffelturm anfangs überhaupt nicht mochten, weil sie befürchteten, das Eisenmonstrum könne irgendwann umkippen und dadurch immense Schäden anrichten etc.

Das gilt aber auch für Fragen, die den Schülern offensichtlich völlig neu sind. Als Beispiel möchte ich hier die Frage nach der Bezeichnung für die Fleischerei in Frankreich anführen. Wenige Schüler wissen, dass sie, um Wurstwaren einkaufen zu können, sich in eine «boucherie» begeben müssen. Wenn es die Zeit erlaubt, kann der Lehrer die Gelegenheit nutzen, um den Schülern Hinweise zur französischen Esskultur zu geben.

Nach meinen Erfahrungen ist das landeskundliche Quiz für Schüler besonders reizvoll, wenn sie über einen bestimmten Zeitraum Punkte ansammeln können (Wochen- oder Monatssieger). Die Motivation der Schüler für das Spiel lässt sich steigern, wenn die drei Sieger am Ende einen kleinen Preis erhalten.

DEVINER DES PERSONNAGES ÉMINENTS

QUIZSPIELE
ZAHLEN-SPIELE
WÜRFEL-SPIELE
GEDÄCHTNIS-SPIELE
KONZENTRA-TIONSSPIELE
VOKABEL-SPIELE
GRAMMATIK-SPIELE
ROLLENSPIEL
AUSSPRACHE-SPIEL

Spielart:	Quizspiel
Thema:	Wortschatz
Ziele:	Steigerung der Konzentrationsfähigkeit, Verbesserung der sprachlichen Ausdrucksfähigkeit, Aktivierung des Wortschatzes
Klassenstufe:	8–10
Dauer:	5–10 Minuten
Sozialform:	Partnerarbeit

DURCHFÜHRUNG

Der Spielleiter oder ein Mitschüler denkt sich eine prominente Persönlichkeit aus. Zwei Schüler der Gruppe versuchen, diese durch geschickte Fragestellungen zu erraten. Geeignete Fragen, sich der unbekannten Person anzunähern, könnten z. B. sein:

- Tu es une femme/un homme?
- Tu es grand/e/petit/e?
- Tes yeux/tes cheveux sont noirs/verts/gris?
- Tu es sportif/ve?
- Tu es une actrice/un acteur?
- Tu es Italien/Italienne?
- Tu es chanteuse/chanteur/musicienne/musicien/artiste/politique...?

Bei leistungsschwächeren Gruppen ist es angebracht, die erforderlichen Redemittel in der Klasse auszuhängen oder an die Tafel zu schreiben.

Spieler A stellt die erste Frage. Wird diese vom Spielleiter bejaht, darf A so lange weiterfragen, bis der Spielleiter die an ihn gestellte Frage verneint. Anschließend wechseln die Rollen. Sieger des Spiels ist, wer die gesuchte Person erraten kann.

Beispiel für einen möglichen Spielablauf:

Spieler A: «Tu es acteur ou actrice?»
Spielleiter: «Non.»
Spieler B: «Tu es artiste?»
Spielleiter: «Non.»
Spieler A: «Tu es sportif ou sportive?»
Spielleiter: «Oui.»
Spieler A: «Tu es joueur de football?»
Spielleiter: «Oui.»
Spieler A: «Tu joues en Allemagne?»
Spielleiter: «Oui.»
Spieler A: «Tu es joueur de l'équipe nationale?»
Spielleiter: «Oui.»
Spieler A: «Tu es attaquant?»
Spielleiter: «Oui.»
Spieler A: «Tu es Thomas Müller?»
Spielleiter: «Non.»
Spieler B: «Alors, tu es Mario Götze?»
Spielleiter: «Oui.»
Spieler B: «J'ai gagné.»
Spielleiter: «Félicitations!»

SPIELVARIANTE

Das Spiel «Erraten von Prominenten» kann abgeändert werden in «Erraten von Mitschülern», was natürlich voraussetzt, dass sowohl der Spielleiter als auch die Schülergruppe sich über einen längeren Zeitraum kennen.

Beispielfragen:
- «Est-ce que tu as des frères ou sœurs?»
- «Est-ce que tu es bon/bonne en mathématiques?»
- «Est-ce que tu aimes manger de la viande/de la confiture...?»
- «Est-ce que ta couleur préférée est le rouge?»
- «Est-ce que tu es végétarien/ne?»
- «Est-ce que tu es sportif/ve?»
- «Est-ce que tu aimes la musique?»

HINWEISE

Das Spiel wird besonders von leistungsstarken Gruppen gut angenommen. Erfolgserlebnisse können aber auch durchaus leistungsschwächere Gruppen haben, wenn die Vorbereitung stimmt. Diese sollte darin bestehen, dass den Schülern die nötigen Redemittel, wie oben bereits angedeutet, zur Verfügung gestellt werden. Darüber hinaus kann die Spielvariante «Erraten von Mitschülern» durchaus einen Beitrag dazu leisten, dass die Mitschüler sich untereinander besser kennenlernen.

DEVINER DES PERSONNAGES ET DES TERMES

QUIZSPIELE
ZAHLEN-SPIELE
WÜRFEL-SPIELE
GEDÄCHTNIS-SPIELE
KONZENTRA-TIONSSPIELE
VOKABEL-SPIELE
GRAMMATIK-SPIELE
ROLLENSPIEL
AUSSPRACHE-SPIEL

Spielart:	Quizspiel
Thema:	Wortschatz
Ziele:	Steigerung der Konzentrationsfähigkeit, Verbesserung der Ausdrucksfähigkeit, Aktivierung des Wortschatzes
Klassenstufe:	8–10
Dauer:	ca. 10 Minuten
Sozialform:	alle Spieler

DURCHFÜHRUNG

Der Lehrer beschreibt eine zu erratende Person oder einen zu erratenden Begriff. Je nach Leistungsstärke der Lerngruppe sollte deren/dessen mündliche Darstellung entsprechend knapp oder detaillierter ausfallen. Nach den Ausführungen des Lehrers schreiben die Schüler ihre vermutete Lösung auf ein Blatt Papier, aber so, dass die Tischnachbarn diese nicht einsehen können. Danach erfolgt die Auswertung.

Der Lehrer vermerkt jeweils die von den Schülern erreichten Punkte auf einer Gruppenliste. Wie bei vielen anderen Spielen ist es auch hier sinnvoll, Punkte über einen bestimmten Zeitraum zu sammeln und am Ende die drei Erstplatzierten zu prämieren.

Im Folgenden werden 12 Beispiele vorgestellt, die auch zeigen, dass es für den Lehrer keiner großen Vorbereitung bedarf, dieses Spiel mit seinen Schülern durchzuführen. Es empfiehlt sich, je nach Leistungsstärke der Sprachgruppe, dass **Schüler** Personen oder Begriffe beschreiben, die von ihren Mitschülern erraten werden müssen.

Je suis rond et de cuir. On peut jouer avec moi presque partout. Je suis la chose la plus importante pour le sport le plus populaire. Je suis aimé par tout le monde. Le week-end plusieurs de millions de spectateurs viennent dans les stades pour me voir.

(solution: le ballon/le football)

Je suis une grande et haute maison qui est très importante pour les gens religieux. La plupart de ces maisons ont une croix sur le toit. Dans ces maisons il y a beaucoup de bancs, de bougies et de figures saintes. Le chef du bâtiment c'est un prêtre. (solution: église)

Je suis une fête très importante de l'année. Les gens achètent un sapin et le posent dans la salle de séjour. Cet arbre est décoré avec des boules et des bougies. Vers minuit les gens vont à la messe et après on savoure un bon repas. Pour les enfants il y a beaucoup de cadeaux.

(solution: Noël)

Je suis un animal très gros et lourd. Ma peau est grise et j'ai de grandes oreilles. Quand j'ai soif, je peux boire 120 litres d'eau et je mange à peu près 100 kilos d'herbe par jour.
(solution: l'éléphant)

Je suis une de quatre saisons. Pendant ma phase de l'année, les gens vont à la plage ou à la piscine; ils aiment manger des glaces et boire des boissons froides. En général il fait très chaud. (solution: l'été)

Je suis une boisson américaine qui est très en vogue chez les jeunes. Ma couleur est brune et il y a de caféine et beaucoup de sucre en moi. (solution: le cola)

Quand il fait froid, je suis un grand vêtement important pour les gens. Je suis en étoffe. À cause de moi les gens n'ont pas froid. (solution: le manteau)

Je suis une maison dans laquelle on peut manger. On peut y manger à la carte ou on peut prendre le menu. Le chef d'une telle maison c'est le patron. Les garçons y sont très importants aussi. (solution: le restaurant/le bistro)

Cette personne est très importante pour moi. Quand il y a des problèmes, je peux y aller pour parler, même pour pleurer. Cette jeune fille ou ce garçon m'aide à surmonter toutes les difficultés. (solution: l'amie/l'ami)

Je suis un acteur français très fameux. Dans les films «Astérix» je joue le rôle de son ami Obélix. À l'instant, j'habite en Russie parce que je ne voulais plus payer les impôts qui sont – à mon avis – trop hauts en France. (solution: Dépardieu)

Je suis une salle importante dans la maison. Dans cette salle il y a une table, des chaises et un placard. On y prépare les repas. (solution: la cuisine)

HINWEIS

Selbst bei leistungsstarken Gruppen, in denen sich Schüler als Spielleiter anbieten, empfiehlt es sich, ihnen eine Vorbereitungszeit einzuräumen. Wenn möglich, sollten sich die Schüler mit ihren Begriffen zu Hause auf die nachfolgende Französischstunde vorbereiten. So werden die besten Ergebnisse erzielt.

ALLEZ LES BLEUS

QUIZSPIELE | ZAHLENSPIELE | WÜRFELSPIELE | GEDÄCHTNISSPIELE | KONZENTRATIONSSPIELE | VOKABELSPIELE | GRAMMATIKSPIELE | ROLLENSPIEL | AUSSPRACHESPIEL

Spielart:	Quizspiel
Thema:	Wortschatzarbeit/Landeskunde
Ziele:	Steigerung der Konzentrationsfähigkeit, Verbesserung des Wortschatzes, Wissen über Frankreich erweitern
Klassenstufe:	5–10
Dauer:	10–15 Minuten
Sozialform:	alle Schüler (zwei Gruppen)
Material:	Spielfeld (S. 53)

DURCHFÜHRUNG

Bei diesem «Fußballspiel» treten zwei Gruppen gegeneinander an (Mädchen gegen Jungen/rechts sitzende gegen links sitzende Gruppenhälfte ...). Der Spielleiter zeichnet das Spielfeld an die Tafel. Der Spielleiter stellt den Mannschaften A und B abwechselnd eine Frage und lässt wahlweise einen der Schüler, die sich für die Antwort melden, zu Wort kommen. Die Fragen können aus unterschiedlichen Bereichen gestellt werden.

Beispielfragen könnten sein:

- *Quelle est la capitale de l'Espagne?*
- *Est-ce que tu sais conjuger le verbe «vivre» au présent (à l'imparfait ...)?*
- *Quelle est ta matière/ta couleur préférée/Quel est ton sport/ton livre préféré ...?*
- *Quel est le nom de la secrétaire de notre école?*
- *56 + 13, ça fait combien?*
- *Quel temps fait-il aujourd'hui?*
- *Quel jour sommes-nous aujourd'hui?*
- *Tu as quel âge?*
- *Quelle est la boisson préférée des Français?*
- *Quelle est la voiture la plus vendue en France?*

Richtig beantwortete Fragen markiert er durch (fortlaufend) angekreuzte Kreise, sodass die an der Quizrunde beteiligten Mannschaften jederzeit sehen können, wo sie sich befinden. Gewonnen hat das Team, welches zuerst im gegnerischen Tor angekommen ist. Es erhält einen Punkt und die nächste Runde kann beginnen. Sieger ist das Team, welches zuerst eine bestimmte Anzahl von Punkten erzielt hat. Beide Seiten einigen sich vor Spielbeginn, ob der Verlierer eines Spiels die in der jeweils vorherigen Runde erreichten Punkte in den nächsten Durchgang mitnehmen darf.

HINWEISE

Dieses Spiel begeistert nicht nur fußballinteressierte Schüler. Wichtig für den Lehrer ist, wie bei allen Quizspielen, das Fingerspitzengefühl für die dem Leistungsniveau der Gruppe entsprechenden Fragen zu besitzen.

CHIEN, CHAT, SOURIS

Spielart:	Quizspiel
Thema:	Erraten von Wörtern anhand von Zeichnungen
Ziel:	Aktivierung des Wortschatzes
Klassenstufe:	5–7
Dauer:	10 Minuten
Sozialform:	Gruppenarbeit (3er-Gruppen)
Material:	Papier und Stift

DURCHFÜHRUNG

Die Schüler teilen sich in 3er-Gruppen auf. Reihum ist jeweils ein Schüler der «Zeichner». Er versucht, einen französischen Begriff, der bereits im Unterricht vorkam, zeichnerisch darzustellen. Die anderen Gruppenmitglieder versuchen nun, den richtigen Begriff über Wortmeldungen zu erraten. Wer errät in einer Spielrunde die meisten Begriffe?

SPIELVARIANTE

Die Gruppen können sich eine Zeit überlegen, nach der ein neuer Zeichner an der Reihe ist. Diese Zeit wird mit einer Stoppuhr gemessen. So kann jedes Gruppenmitglied einmal zeichnen.

PIERRE APPELLE PAUL

Spielart:	Zahlenspiel
Thema:	Zahlen
Ziele:	Sicherer Umgang mit Zahlen, Stärkung der Konzentrations- und Reaktionsfähigkeit, Stärkung der Selbstdisziplin
Klassenstufe:	5–8
Dauer:	ca. 10 Minuten
Sozialform:	alle Schüler

DURCHFÜHRUNG

Die Schüler bilden einen Stuhlkreis. Ein Schüler übernimmt die Rolle des Pierre. Links von Pierre nimmt Paul Platz. Die Schüler, links von Paul sitzend, erhalten die fortlaufenden Nummern «Un», «Deux», «Trois» etc. Das Spiel und jede neue Spielrunde beginnen mit dem Standardsatz: «Pierre appelle Paul.» Der angerufene Paul reagiert und sagt: «Paul appelle Sept.» Der Schüler mit der aufgerufenen Zahl reagiert sofort und sagt: «Sept appelle Seize.» Ein Schüler scheidet aus der Runde aus, wenn er nicht reagiert, sich grob verspricht oder einen bestimmten Klatschrhythmus nicht einhält. Dieser geht so:

«Pierre»	(einmaliges Händeklatschen)
«appelle»	(einmaliges Klatschen auf die Oberschenkel)
«Paul»	(einmaliges Händeklatschen)

Scheidet z. B. der Schüler mit der Nummer «Seize» aus, rücken die nachfolgenden Nummern auf: «Dix-Sept» übernimmt die Nummer «Seize», «Dix-Huit» übernimmt «Dix-Sept» etc. Scheidet z. B. «Paul» aus, rückt «Un» an dessen Stelle, aus «Deux» wird «Un» etc.

HINWEISE

Um den Schülern die Freude an dem Spiel zu erhalten, empfiehlt es sich, vor der offiziellen Einführung des Spiels einige Proberunden durchzuführen.

Sind die Schüler mit dem Spiel vertraut, kann ein entsprechend zügigerer Klatschrhythmus vorgegeben werden.

Sieger des Spiels sind die beiden zuletzt übrig gebliebenen Spieler.

Grundsätzlich erfreut sich dieses Spiel bei den Schülern großer Beliebtheit. Der Lehrer sollte aber unbedingt darauf achten, dass den Schülern die Spielregeln ganz klar sind. Es fällt nicht allen Schülern leicht, ein Ausscheiden aus dem Spiel zu akzeptieren. Je nach Zusammensetzung der Gruppe kann es sinnvoll sein, das Spiel bei dem Ausscheiden eines Spielers zu unterbrechen und neu zu starten.

BINGO

Spielart:	Zahlenspiel
Thema:	Zahlen
Ziel:	Einüben der Zahlen von 1–100
Klassenstufe:	5–10 (vgl. dazu «Spielvariante»)
Dauer:	10–15 Minuten
Sozialform:	alle Schüler
Material:	Bingokarten (Muster S. 54)

DURCHFÜHRUNG

Der Lehrer übernimmt die Rolle des Conferenciers, der die Zahlen von 1–100 ausruft. Die Spielteilnehmer markieren die aufgerufenen Zahlen, falls sich diese auf ihrer Bingokarte befinden. Aus organisatorischen Gründen sollte der Lehrer vor der Durchführung des Spiels Bingokarten in ausreichender Anzahl herstellen. Sobald der erste Schüler auf seiner Spielkarte 10 Zahlen einer waagerechten oder senkrechten Reihe oder einer Diagonale markieren konnte, ruft er «Bingo». Nach Überprüfung seiner Spielkarte wird er zum Sieger erklärt, erhält ggf. einen kleinen Preis und die Runde ist abgeschlossen.

SPIELVARIANTE

Bingo lässt sich auch mit Schülern der Klassen 8–10 spielen, wenn der Schwierigkeitsgrad entsprechend erhöht wird. Dies könnte dadurch erfolgen, dass der Conférenciers, statt eine Zahl auszurufen, jeweils eine kleine Rechenaufgabe stellt. So heißt es z. B. nicht «dix-sept», sondern «neuf plus huit».

JEU DE CALCUL MENTAL

Spielart:	Zahlenspiel
Thema:	Rechnen mit Zahlen
Ziele:	Sicherer Umgang mit Zahlen, Steigerung der Konzentrationsfähigkeit
Klassenstufe:	5–8
Dauer:	5 Minuten
Sozialform:	alle Schüler

DURCHFÜHRUNG

Das Spiel empfiehlt sich als «Wachmacher» zum Auftakt einer Französischstunde. In den Klassen 5 und 6 gibt der Lehrer vor, dass die Lösungen die Zahl 10 nicht überschreiten werden. In den Klassen 7 und 8 kann, je nach Leistungsstand der Lerngruppe, der Schwierigkeitsgrad durch eine entsprechende Erhöhung dieser Zahl gesteigert werden.

Der Lehrer gibt die Rechenaufgaben stets einheitlich nach folgendem Beispielmuster vor:

8 + 1 – 5 + 3 (= 7)
Huit plus un moins cinq plus trois (font sept.)

18 – 9 + 5 + 1 – 10 (= 5)
Dix-huit moins neuf plus cinq plus un moins dix (font cinq.)

Die Schüler schreiben die jeweilige Lösung (zur Selbst- und Fremdkontrolle) auf einen Zettel. Die Sitznachbarn kontrollieren sich gegenseitig auf die Richtigkeit der Ergebnisse.

HINWEISE

Für den Lehrer ist es hilfreich, die Aufgaben und Lösungen vor Beginn des Spiels zu notieren, um Unklarheiten bei Schülerrückfragen nach der jeweiligen Bekanntgabe der Ergebnisse auszuschließen.

Intensität und Spannung des Spiels lassen sich z. B. steigern, wenn Schüler mit zwei von drei richtigen Lösungen an der nächsten Runde teilnehmen dürfen. Sieger ist der Schüler mit den meisten richtigen Ergebnissen.

TOUR DE FRANCE

Spielart:	Würfelspiel
Thema:	Landeskunde
Ziel:	Die Schüler erhalten wichtige Informationen über 20 bedeutende französische Städte und erweitern ihre landeskundlichen Kenntnisse über Frankreich.
Klassenstufe:	5–10
Dauer:	ca. 15 Minuten
Sozialform:	Partner-/Kleingruppenspiel
Material:	mehrere Würfel, Spielhütchen, einige kopierte Städte-Informationen (S. 55) und ebenso viele kopierte Spielpläne «Frankreichrundfahrt» (S. 56)

DURCHFÜHRUNG

Die kopierten Informationen zu den einzelnen Städten liegen neben dem ebenfalls kopierten Spielplan «Frankreichrundfahrt». Jeder Spieler sucht sich ein farbiges Spielhütchen aus, mit dem er sich auf dem Spielfeld bewegen wird. Vor Spielbeginn ermitteln die Mitspieler (2–4), wer beginnen darf. Wer die höchste Augenzahl würfelt, beginnt, der Spieler mit der zweithöchsten Punktzahl startet als Zweiter etc. Die Spielteilnehmer rücken reihum je nach gewürfelter Augenzahl vor. **Nur** wenn ein Spieler mit der gewürfelten Augenzahl eine Stadt erreicht, informiert er sich über diese und führt die dort gegebenen Anweisungen aus, bevor der nächste Spieler würfeln darf.

REFLEXION

Die Schüler tauschen sich nach dem Spiel darüber aus, welche Informationen, die sie über die Städte erhalten haben, sie am meisten beeindruckt haben.

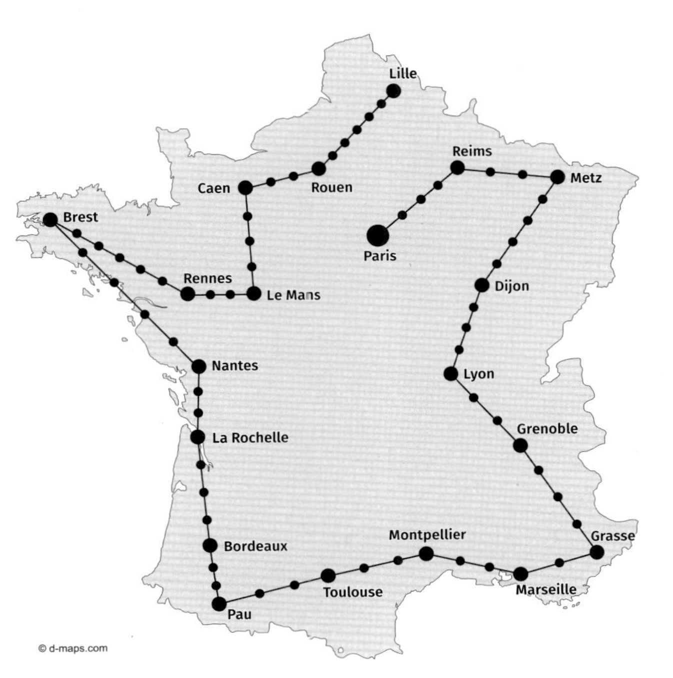

QUIZSPIELE | ZAHLEN-SPIELE | WÜRFEL-SPIELE | GEDÄCHTNIS-SPIELE | KONZENTRATIONSSPIELE | VOKABEL-SPIELE | GRAMMATIK-SPIELE | ROLLENSPIEL | AUSSPRACHE-SPIEL

LIRE DES NOMBRES

Spielart:	Würfelspiel
Thema:	Zahlen lesen
Ziel:	Spielerisches Einüben der Zahlen
Klassenstufe:	5–10
Dauer:	10 Minuten
Sozialform:	Gruppenarbeit (4er-Gruppen)
Material:	2–6 Würfel pro Spielgruppe (mit und ohne Beschriftung)

DURCHFÜHRUNG

Die Schüler bilden 4er-Gruppen. Es wird reihum gewürfelt, wobei vorher festgelegt wurde, ob die entstandene Zahlenkombination mit der höchsten oder niedrigsten Zahl beginnend vorgelesen werden soll. Ist die Antwort des Schülers richtig, kommt er eine Runde weiter. Über das Weiterkommen entscheiden die anderen am Tisch sitzenden Mitspieler. Die Lehrkraft greift nur dann als Schiedsrichter ein, wenn die Spielgruppe darum bittet.

SPIELVARIANTE

Als Spielvariante können natürlich auch einfache Rechenoperationen wie das Addieren oder Multiplizieren der gewürfelten Augenzahlen durchgeführt werden. Eine weitere Spieloption ist das Überkleben der Würfelaugen mit unregelmäßigen Verben, die von dem Spieler, der gerade gewürfelt hat, konjugiert werden sollen.

REFLEXION

Nach einer abgeschlossenen Spielrunde tauschen sich die Mitglieder darüber aus, ob und inwiefern sie von der Spielrunde profitiert haben.

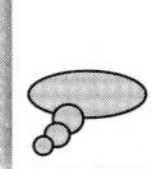

CARTE HEURISTIQUE

Spielart:	Gedächtnisspiel
Thema:	Wortschatz
Ziel:	Aktivierung des Wortschatzes
Klassenstufe:	5–10
Dauer:	ca. 10 Minuten
Sozialform:	Kleingruppen von 3–4 Schülern

DURCHFÜHRUNG

Der Lehrer gibt ein Thema vor, das einen großen Bedeutungsbereich umfasst, z. B. Früchte/Sportarten/Gemüsesorten/Farben etc. Die Gruppen bekommen vom Lehrer eine Zeitvorgabe von 2 Minuten, in der sie möglichst viele Wörter, die zu dem genannten Thema gehören, schriftlich sammeln. Anschließend erfolgt die Auswertung. Für jedes passende Wort wird ein Punkt vergeben. Es zählen nur Begriffe, die schriftlich festgehalten wurden. Vor Beginn des Spiels sollte abgesprochen werden, ob es bei falscher Rechtschreibung nur einen halben Punkt für einen inhaltlich passenden Begriff gibt.

Die Spannung lässt sich durch eine vor Spielbeginn festgelegte Anzahl von Spielrunden und dem Hinweis auf die dann vorzunehmende «Endabrechnung» steigern.

Sieger des Spiels ist die Gruppe, welche die meisten Ausdrücke finden konnte.

SPIELVARIANTE 1

Der Lehrer diktiert 5 Buchstaben oder schreibt diese an die Tafel. Die Schüler sollen in 5 Minuten möglichst viele Wörter, die mit den vorgegebenen Buchstaben beginnen, aufschreiben. Die Auswertung erfolgt durch den Sitznachbarn, der zu diesem Zweck ein Wörterbuch benutzen darf. Wer die meisten Begriffe gefunden hat, ist Sieger des Spiels. Die Spielfreude lässt sich für die Schüler steigern, wenn sie ihre Punkte in die nächste Runde mitnehmen dürfen. Auf diese Weise lässt sich ein «Wörter-Champion der Woche/des Monats» ermitteln.

SPIELVARIANTE 2

Der Lehrer hat eine Vielzahl von Kärtchen mit Begriffen vorbereitet. Auf jedem dieser Kärtchen steht ein Ausdruck, zu dem das Gegenteil oder, je nach Absprache, ein ähnliches Wort zu finden ist.

Der Lehrer oder ein Schüler zieht eine der Karten und nennt den Begriff. Die Schüler notieren das gesuchte Gegenteil/das verwandte Wort auf einem Blatt Papier. Unmittelbar danach erfolgt die Auswertung. Sitznachbarn kontrollieren sich gegenseitig. Wer errät die meisten Begriffe?

JE METS DANS MA VALISE

Spielart:	Gedächtnisspiel
Thema:	Wortschatz
Ziele:	Stärkung der Konzentration, Aktivierung des Wortschatzes
Klassenstufe:	5–10
Dauer:	ca. 10 Minuten
Sozialform:	Gruppenarbeit (5–8 Schüler)

DURCHFÜHRUNG

Die Schüler sitzen in Kleingruppen von 5–8 Teilnehmern im Kreis. Ein Schüler eröffnet das Spiel mit dem Standardsatz:
«Je mets dans ma valise un **ballon.»**

Der nächste reihum sitzende Mitspieler sagt:
«Je mets dans ma valise un **ballon** et un **livre.»**

Spieler 3 fährt fort mit:
«Je mets dans ma valise un **ballon,** un **livre** et un **crayon.»**

Spieler 4 ergänzt die Gegenstände z. B. durch **«un stylo»** etc.

Spieler, die einen Gegenstand vergessen oder nicht in der Lage sind, ein weiteres Wort hinzuzufügen, scheiden aus.

Sieger des Spiels ist der Schüler, der übrig bleibt.

Erfahrungsgemäß empfiehlt es sich auch bei diesem Spiel, einige Proberunden durchzuführen.

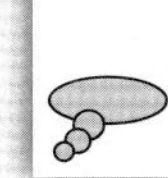

SPIELVARIANTE 1

Um den Schwierigkeitsgrad zu erhöhen, wird vereinbart, dass nur Gegenstände aus bis zu 3 Oberbegriffen (z. B. aus den Bereichen Kleidungsstücke/Obst/Getränke/Schulgegenstände/Verkehrsmittel/Pflanzen/Tiere etc.) in den Koffer gelegt werden dürfen. Ggf. kann die «Bedenkzeit», die der Schüler benötigt, um seinen Satz zu formulieren, entsprechend verlängert werden.

Beispiel für Obst, Schulgegenstände, Verkehrsmittel:

Schüler A: *«Je mets dans ma valise un* ***melon****.»*
Schüler B: *«Je mets dans ma valise un* ***melon*** *et un* ***cahier****,»*
Schüler C: *«Je mets dans ma valise un* ***melon****, un* ***cahier*** *et un* ***vélo****.»*

SPIELVARIANTE 2

Der Lehrer gibt aus einem großen Bereich (z. B. Pflanzen, Tiere, Farben, Sportarten etc.) ein Wort vor. Die im Kreis sitzenden Schüler ergänzen reihum die dazu passenden Wörter. Beispiel: Der Lehrer gibt aus dem Bereich «Obst» das Wort «la pomme» in die Runde. Schüler 1 fährt fort mit «l'orange», Schüler 2 ergänzt mit «la cerise», Schüler 3 fährt fort mit «le citron» etc. Wird die Kette unterbrochen, startet eine neue Runde.

SPIELVARIANTE 3

Der Schwierigkeitsgrad lässt sich dadurch steigern, dass die Schüler nur realistische Gegenstände in den Koffer legen dürfen. Bei einer Aussage wie «Je mets dans ma valise une table/un éléphant ...» wird das Spiel je nach voheriger Absprache entweder unterbrochen oder der Schüler scheidet aus.

REFLEXION

Die Schüler tauschen sich, nachdem sie alle Variationen von «Je mets dans ma valise ...» kennengelernt haben, darüber aus, welche Form sie bevorzugen und begründen dies.

JEU DE RÉSEAU

Spielart:	Konzentrationsspiel
Thema:	Wortschatz
Ziele:	Stärkung der Konzentrationsfähigkeit, Aktivierung des Wortschatzes
Klassenstufe:	5–10
Dauer:	ca. 5 Minuten
Sozialform:	Partner- oder Kleingruppenspiel
Material:	Gitterrätsel Version A und B (S. 57, 58)

DURCHFÜHRUNG

Das Spiel «jeu de réseau» eignet sich als Partner- oder Kleingruppenspiel. Die Schüler sollen innerhalb einer vorher vereinbarten Zeit aus 5 Gitterrätseln jeweils 10 Begriffe zu einem bestimmten Oberbegriff (z. B. Farben/Verkehrsmittel/Zahlen/Körperteile/Getränke etc.) finden. Die Lösungswörter können waagerecht, senkrecht, diagonal, vorwärts und rückwärts angeordnet sein.

Die Rätsel lassen sich differenziert einsetzen. Leistungsstarke Schüler sollen die gesuchten Begriffe ohne Hilfe finden (Version B). Leistungsschwächere Schüler sollen die 10 für sie vorgegebenen Wörter in dem Gitter finden (Version A).

Für leistungsstarke Lerngruppen empfiehlt es sich, die Schüler zu einem bestimmten Thema **selbst** Gitterrätsel erstellen zu lassen. Der Arbeitsauftrag könnte dann lauten:

«Erstellt ein Gitterrätsel zum Thema ‚Sportarten'. Welcher Gruppe gelingt es, die meisten Wörter in das Gitterrätsel einzubauen? Ihr habt 5 Minuten Zeit.»

REFLEXION

Nach Spielende tauschen sich die Schüler durch einen Vergleich ihrer Lösungen untereinander aus und helfen sich gegenseitig, die noch fehlenden Begriffe zu finden.

JEUX DE SYLLABES

Spielart:	Konzentrationsspiel
Thema:	Wortschatz
Ziel:	Finden eines Lösungswortes durch Kombinationsgeschick und Aktivierung des Wortschatzes
Klassenstufe:	8–10
Dauer:	10 Minuten
Sozialform:	alle Schüler
Material:	Arbeitsblatt (S. 59)

DURCHFÜHRUNG

Silbenrätsel sind für die Schüler ungewohnt. Deshalb sollte erst dann damit begonnen werden, wenn jeder von ihnen das Prinzip der Herangehensweise verstanden hat (siehe Reflexion). Jeder Schüler erhält ein Einzelblatt und versucht, möglichst viele Begriffe zu finden. Nach einer Zeitvorgabe durch den Lehrer wird das Spiel unterbrochen, um die gefundenen Begriffe an die Tafel zu schreiben. Diese Aufgabe kann ein leistungsstarker Schüler übernehmen. Der Lehrer sollte nur eingreifen, wenn ein Begriff von keinem Schüler gefunden wurde.
Für den Spielablauf sollte vorher festgelegt werden, ob der Akzent bei der Auswertung eher auf dem Finden möglichst vieler Begriffe oder auf dem Lösungswort liegt.

an – ar – chi – die – é – en – es – fant – gat – ge – gie – i – im – lette – lie lo – ly – ma – mac – man – man – ni – nor – nou – o – o – pé – pie – ra ra – ran – rou – saire – sée – ta – ta – tecte – thé – thé – tif – to – ver – xi

Die Anfangsbuchstaben der Lösungswörter ergeben, von oben nach unten gelesen, den Namen einer französischen Königin.

HINWEISE

Im Gegensatz zu Gitterrätseln ist die Form der Silbenrätsel den Schülern oft unbekannt. Deshalb ist es sehr empfehlenswert, dass der Lehrer ein Musterbeispiel mit den Schülern gemeinsam bespricht. Besonders wichtig ist der Hinweis, dass die Lösungswörter **nur** aus den vorgegebenen Silben gebildet werden dürfen.

SUBSTANTIF/ADJECTIF/VERBE

Spielart:	Konzentrationsspiel
Thema:	Wortschatz
Ziele:	Stärkung der Konzentrations- und Reaktionsfähigkeit, Aktivierung sowie Festigung und Verbesserung des Wortschatzes
Dauer:	10 Minuten
Sozialform:	alle Schüler

DURCHFÜHRUNG

Das Spiel beginnt damit, dass der Lehrer oder ein Schüler einen Buchstaben des Alphabets vorgibt. Die Buchstaben können auch ausgelost werden.

Anschließend tragen die Schüler jeweils ein Substantiv, ein Adjektiv und ein Verb, die mit dem vorgegebenen Buchstaben beginnen, in die Liste (wie im Beispiel unten) ein. Nach einer vorher festgelegten Bedenkzeit erfolgt die Auswertung. Mehrfach genannte gleiche Wörter bringen 1 Punkt, unterschiedliche Begriffe jeweils 2 Punkte ein.

Um die notwendige Fairness des Spiels zu gewährleisten, kontrollieren die Sitznachbarn sich gegenseitig.

Substantif	Adjectif	Verbe
abricot	**a**zur	**a**ller
branche	**b**leu	**b**ricoler
main	**m**alade	**m**anger
tartine	**t**riste	**t**éléphoner

SPIELVARIANTE 1

Jeder Schüler schreibt von oben nach unten auf die linke Seite eines leeren DIN-A4-Blattes die Buchstaben des Alphabets. Die Schüler haben 3–5 Minuten Zeit, zu jedem Buchstaben ein französisches Substantiv **oder** Adjektiv **oder** Verb aufzuschreiben.

Der Schwierigkeitsgrad lässt sich durch die Vorgabe, zu jedem Buchstaben ein Substantiv **und** ein Adjektiv **und** ein Verb aufzuschreiben, oder zu allen Buchstaben **nur** Substantive, **nur** Adjektive oder **nur** Verben aufzuschreiben, steigern.

Sieger des Spiels ist der Schüler mit den meisten richtigen Wörtern.

SPIELVARIANTE 2

Der Lehrer gibt drei Buchstaben des Alphabets vor. Kleingruppen von jeweils 2–3 Schülern versuchen, einen möglichst langen Satz zu bilden. Die Schwierigkeit besteht darin, dass nur Wörter mit den entsprechenden Buchstaben verwendet werden dürfen.

Beispiel für die Buchstaben **a**, **c** und **m**:
***A**riane **M**ontaigu **c**herche **m**a **m**eilleure **m**armelade.*

Beispiel für die Buchstaben **g**, **p** und **s**:
***G**érard **p**ose **s**on **g**ilet **s**ur **s**on **s**ac.*

Für die Bearbeitung der Aufgabe haben die Schüler 2 Minuten Zeit. Danach lesen die Gruppen ihre Ergebnisse vor. Welcher Gruppe gelingt es, den Satz mit den meisten Wörtern zu bilden?

REFLEXION

Nach Abschluss des jeweiligen Spiels schreibt der Lehrer in Zusammenarbeit mit den Schülern die Wörter an die Tafel, welche als neu bzw. schwierig empfunden wurden. Die Schüler übertragen diese in ihr Vokabelheft.

JEU DE COINS

Spielart:	Konzentrationsspiel
Thema:	Wortschatz
Ziele:	Anweisungen verstehen und entsprechend umsetzen, Verbesserung der landeskundlichen Kenntnisse, Steigerung der Konzentrationsfähigkeit
Klassenstufe:	5–10
Dauer:	ca. 15 Minuten
Sozialform:	alle Schüler

DURCHFÜHRUNG

Das Spiel eignet sich für die Klassen 5–10, da es sich leicht der jeweiligen Leistungsstärke der Französischgruppe anpassen lässt.

An dem Spiel können **alle** Schüler der Gruppe teilnehmen. Zu Beginn stehen die Schüler verteilt in den Ecken des Klassenzimmers. Der Lehrer stellt Fragen, die sich an der Leistungsstärke der Gruppe orientieren (z. B. Vokabelfragen frz./dt. oder dt./frz., landeskundliche Fragen, Übersetzung kleiner Sätze etc.). Der Schüler, der eine Frage richtig beantwortet hat, rückt eine Ecke vor. Anstelle der Fragen können auch Anweisungen gegeben werden, die der Schüler umsetzen soll/sollen (z. B. «Lève ta main gauche.»). Sieger des Spiels ist der Schüler/sind die Schüler, der/die zuerst wieder in seiner/ihrer Ausgangsposition angekommen ist/sind.

Die Spannung des Spiels kann gesteigert werden, wenn die jeweiligen Gewinner in weiteren Runden gegeneinander antreten, um am Ende einen «Tagessieger» küren zu können.

REFLEXION

Die Schüler tauschen sich darüber aus, welche Anweisungen sie mühelos ausführen konnten und welche ihnen bei der Ausführung Probleme bereiteten.

ACHETER DES LETTRES

Spielart:	Vokabelspiel
Thema:	Wortschatz
Ziel:	Stärkung der Konzentrationsfähigkeit
Klassenstufe:	5–10
Dauer:	10 Minuten
Sozialform:	alle Schüler

DURCHFÜHRUNG

Die Schüler sollen ein von dem Lehrer oder einem als Quizleiter fungierenden Schüler vorgegebenes Wort erraten. Von dem zu ratenden Begriff wird ein Buchstabe vorgegeben.

Beispiel: Das gesuchte Wort heißt «supermarché». Vorgegeben wird der Buchstabe **e**. Kommt das e mehrfach in einem Wort vor, wird es entsprechend oft angegeben.

_ _ _ e _ _ _ _ _ _ é

Der besondere Reiz des Spiels liegt darin, dass die Schüler gegen den Lehrer bzw. Quizleiter spielen. Die Schüler haben 10 Versuche, das Wort durch «Kaufen» eines Buchstabens herauszufinden. Nennt ein Schüler einen Buchstaben, der schon «gekauft» wurde, erhält der Lehrer oder Quizleiter einen Punkt. Errät ein Schüler einen korrekten Buchstaben, wird dieser vom Lehrer eingetragen und der betreffende Schüler hat einen weiteren Versuch. Kommt ein passender Buchstabe mehrfach vor, wird er entsprechend häufig eingetragen.

Schaffen es die Schüler, das Wort zu erraten, haben sie das Spiel gewonnen, andernfalls ist der Lehrer oder der Quizleiter der Sieger.

HINWEISE

Erfahrungsgemäß sind viele Schüler gern bereit, die Rolle des Quizleiters, der auch die Leerzeichen für das zu erratende Wort an die Tafel schreibt, zu übernehmen. Es ist allerdings sinnvoll, wenn der Schüler dem Lehrer/Quizmaster das Wort, das er sich ausgesucht hat, vorher zeigt. So lassen sich bei eventuellen Rechtschreibfehlern Korrekturen vornehmen und ggf. späterer Unmut bei den Mitschülern vermeiden.

CHAÎNE DE MOTS

Spielart:	Ausspracheспиel
Thema:	Wortschatzarbeit
Ziele:	Steigerung der Reaktions- und Konzentrationsfähigkeit, Aktivierung des Wortschatzes
Klassenstufe:	5–10
Dauer:	ca. 10 Minuten
Sozialform:	Kleingruppen von 6–8 Schülern

DURCHFÜHRUNG

Es werden Kleingruppen von 6–8 Schülern gebildet, die in Stuhlkreisen sitzen. Ein Spieler eröffnet die Runde mit einem Wort, z. B. «jaune». Der nächste reihum sitzende Schüler greift den letzten Buchstaben dieses Wortes auf und nennt ein neues mit dem Buchstaben **e** beginnendes Wort, z. B. «esprit». Der folgende Spieler bildet entsprechend ein Wort, das mit dem Buchstaben t anfängt, z. B. «total». Ein Schüler, der nach einer bestimmten, vorher festzulegenden Bedenkzeit (z. B. 10 Sekunden), nicht antworten kann, scheidet aus.

SPIELVARIANTEN

Ein Schüler kann sich bis zu drei Fehlversuche leisten, erst danach scheidet er aus.

Der Schwierigkeitsgrad lässt sich erhöhen, wenn die zu findenden Wörter auf Wortarten (Nomen/Verb/Adjektiv) beschränkt werden.

Sieger ist der Spieler, der übrig bleibt.

HINWEISE

Je nach Zusammensetzung der Gruppe macht es ggf. Sinn, den Wettbewerbscharakter aus dem Spiel zu nehmen und das Spiel zu beenden, wenn die Wörterkette unterbrochen wird. Das kann der Fall sein, wenn einem Schüler kein passendes Wort einfällt oder der Anfangsbuchstabe des neu gebildeten Wortes nicht mit dem letzten Buchstaben des vorangegangenen Wortes übereinstimmt.

TROUVEZ L'INTRUS

Spielart:	Aussprachespiel
Thema:	Wortschatz
Ziele:	Aktivierung des Wortschatzes, Gedächtnistraining
Klassenstufe:	5–8
Dauer:	3 Minuten
Sozialform:	Partnerarbeit
Material:	Arbeitsblätter (ab S. 60)

DURCHFÜHRUNG

Das Spiel soll als Partnerspiel durchgeführt werden. Der Lehrer teilt die Arbeitsblätter mit dem Hinweis, die Blätter umgedreht auf den Tischen liegen zu lassen, aus. Anschließend gibt er die Aufgabenstellung bekannt:

- Finde in den einzelnen Wortreihen jeweils das falsche Wort heraus.
- Die Bearbeitungszeit beträgt 3 Minuten.

Die Lösungen schreibt der Lehrer während der Schülerarbeit hinter eine umklappbare Tafelseite. Nach Spielende wird die Tafel umgeklappt, die Partner tauschen ihre Blätter untereinander aus und können nach dem Vergleichen ihrer Lösungen den Sieger ermitteln.

SPIELVARIANTE 1

Complétez par un mot de la même famille.

Es gelten die gleichen Rahmenbedingungen.

SPIELVARIANTE 2

Trouvez les opposés.

Der Lehrer teilt das entsprechende Arbeitsblatt aus. Je zwei Schüler arbeiten im Team und versuchen, möglichst viele gegenteilige Begriffe zu finden. Nach einer Bearbeitungszeit von 5 Minuten können die Schülerpaare die Lösungen, die der Lehrer zwischenzeitlich hinter die aufklappbare Tafel geschrieben hat, einsehen und die ihnen fehlenden Wörter ergänzen. Welches Paar hat die meisten Begriffe gefunden?

JEU D'ESCALIER

Spielart:	Vokabelspiel
Thema:	Wortschatz
Ziele:	Vertiefung bereits gelernten Vokabulars, Verbesserung der Sicherheit bei der Schreibweise von Wörtern
Klassenstufe:	5–10
Dauer:	10 Minuten
Sozialform:	alle Schüler

DURCHFÜHRUNG

An diesem Spiel können alle Schüler teilnehmen, da es sich mühelos dem Leistungsniveau der Französischgruppe anpassen lässt. Der Lehrer gibt ein Wort vor, das er an den linken oberen Tafel- oder Smartboardrand schreibt. In Form einer Treppe, die nach unten führt, ergänzen die zwei Schüler, die gegeneinander antreten (auch paarweise oder in einer Kleingruppe möglich), weitere Vokabeln, die mit dem jeweils letzten Buchstaben des vorangegangenen Wortes beginnen müssen.

Beispiel (10 Substantive):

```
jour
   a
   i
   s
   i
   nuit
      r
      é
      s
      o
      rêve
         n
         t
         r
         é
         enfant
              a
              x
              image
                  a
                  u
```

Beispiel (10 Adjektive):

```
rouge
    n
    t
    i
    e
    rond
       r
       o
       i
       total
           o
           n
           gros
              e
              cordial
                    i
                    b
                    r
                    e
```

Gewonnen hat das Spiel der Schüler (das Paar/die Kleingruppe), welche/r/s zuerst die vorgegebene Anzahl von Wörtern gefunden hat. Achtung: Schnelligkeit muss nicht zum Sieg führen, denn für jedes falsch geschriebene oder doppelte Wort wird ein Punkt abgezogen.

Die Jury bilden die jeweils den Ablauf des Spiels beobachtenden Schüler. Sie sollten lediglich im «Notfall» eingreifen, wenn die Schüler z. B. einen Schreibfehler nicht erkennen.

REFLEXION

Am Ende des Spiels tauschen sich die Schüler darüber aus, ob ihnen die Übung geholfen hat, sicherer in der Schreibweise von den verwendeten Wörtern zu werden und das Vokabular noch einmal ins Gedächtnis zu rufen.

CHAMPS SÉMANTIQUES

Spielart:	Vokabelspiel
Thema:	Wortschatz
Ziele:	bekanntes Vokabular auf spielerische Art wiederholen und festigen, Steigerung der Konzentrationsfähigkeit
Klassenstufe:	5–10
Dauer:	20 Minuten
Sozialform:	Gruppenarbeit (4er-Gruppen)

DURCHFÜHRUNG

Die Gesamtgruppe wird in 4er-Gruppen eingeteilt: Jede Gruppe erhält eine Nummer. Anschließend werden die Gruppen ausgelost. Der Lehrer oder ein Schüler gibt ein Wortfeld vor und die jeweils gegeneinander spielenden Teams haben zwei Minuten Zeit, zu dem entsprechenden Wortfeld passende Wörter aufzuschreiben.

Beispiele für Wortfelder:

fleurs – couleurs – école – sports – fruits – légumes – vacances – boissons – restaurant

Gewonnen hat die Gruppe, welche die meisten Wörter finden konnte. Bei Punktgleichheit entscheidet die geringere Zahl an Rechtschreibfehlern, ggf. auch die korrekte Aussprache der Vokabeln. Hier ist der Lehrer als Schiedsrichter gefragt! In der nächsten Runde wechseln die gegeneinander antretenden Gruppen. Tagessieger ist die Gruppe mit den meisten Siegen.

REFLEXION

Die Schüler tauschen sich nach dem Ende des Spiels darüber aus, welches Team ihrer Meinung nach (begründet!) den beeindruckendsten Einzelsieg errungen hat.

LE PRÉSENT ET LE PASSÉ COMPOSÉ

Spielart:	Grammatikspiel
Thema:	Grammatik
Ziel:	Vertiefung der Grammatikkenntnisse; hier: das Verb
Klassenstufe:	5–10
Dauer:	5–10 Minuten
Sozialform:	Partnerarbeit
Material:	Arbeitsblätter «Le Présent» (S. 63) und «Le Passé Composé» (S. 64)

DURCHFÜHRUNG

Das Spiel soll als Partnerspiel durchgeführt werden. Der Lehrer teilt die Kopiervorlagen mit dem Hinweis, die Blätter umgedreht auf den Tischen liegen zu lassen, aus. Anschließend gibt er die Aufgabenstellung bekannt:

- Ergänze jeweils die richtige Verbform.
- Die Bearbeitungszeit beträgt 5–10 Minuten.

Die Lösungen hat der Lehrer während der Schülerarbeit hinter eine umklappbare Tafelseite geschrieben. Nach Spielende wird die Tafel umgeklappt, die Partner tauschen ihre Blätter untereinander aus und können nach dem Vergleich ihrer Lösungen den Sieger ermitteln.

Die Arbeitsblätter sollten gezielt nach der jeweiligen Leistungsstärke der Gruppe eingesetzt werden. Dies gilt entsprechend für die im Unterricht behandelten Themen. So empfiehlt sich z. B. der Einsatz von «Le Passé Composé» erst ab Klasse 8.

SPIELVARIANTE

Das Spiel kann auch im «Le Composé» gespielt werden.

LES VERBES IRRÉGULIERS

Spielart:	Grammatikspiel
Thema:	die «verbes irréguliers» in verschiedenen Zeiten
Ziel:	Das Schwierigste an der französischen Schriftsprache ist das unregelmäßige Verb. Das Spiel «Les verbes irréguliers» soll dazu beitragen, dass die Schüler die Formen der unregelmäßigen Verben besser kennenlernen.
Klassenstufe:	5–10 (je nach Zeitform/vgl. Aufgaben zur Spielvariante)
Dauer:	5 Minuten
Sozialform:	alle Schüler (in 2 Gruppen)
Material:	10–30 Karteikarten

DURCHFÜHRUNG

Die Schüler werden in zwei Gruppen eingeteilt. Jede Gruppe bekommt vom Spielleiter 5–15 Karteikarten. Sie befragen sich wechselseitig in den jeweiligen Personenformen nach dem auf der Karteikarte stehenden Verb.

Beispiel:

Gruppe A: *Bildet die richtige Verbform im «présent» zu dem Verb «faire» mit «nous».*

Gruppe B: *Die Form heißt: «nous faisons».*

Gruppe B: *Bildet die richtige Verbform im «passé composé» zu dem Verb «aller» mit «tu».*

Gruppe A: *Die Form heißt: «tu es allé/e».*

Der Spielleiter notiert die Punkte für die richtigen Antworten und fungiert gleichzeitig als Schiedsrichter.

Vor Spielbeginn wird festgelegt, nach welchem erreichten Punktestand eine Spielrunde beendet ist.

SPIELVARIANTE

Der Schwierigkeitsgrad lässt sich, wie in der Durchführung schon angedeutet, steigern, indem (je nach Leistungs- bzw. Wissensstand der Gruppe) Karteikarten mit «schwierigen» Zeiten (z. B. «passé simple»/«conditionnel»...) zugrunde gelegt werden.

AVOIR ET ÊTRE

Spielart:	Grammatikspiel
Thema:	Grammatik
Ziel:	sichere Anwendung der Verben «avoir» und «être»
Klassenstufe:	5–10 (gestaffelt nach Schwierigkeitsgraden)
Dauer:	10 Minuten
Sozialform:	Partnerarbeit
Material:	Arbeitsblätter (ab S. 65)

DURCHFÜHRUNG

Der Lehrer bereitet für Schüler der Klassen 5 und 6 ein Arbeitsblatt vor. Die Schüler finden sich paarweise zusammen. Jedes Paar erhält ein Arbeitsblatt, anschließend treten jeweils zwei Paare gegeneinander an. Es geht darum, möglichst viele, aber auch sinnvolle Ergänzungen zu finden. Nach einer vorgegebenen Zeit erfolgt die Auswertung, wobei die beiden Gruppen die Arbeitsblätter austauschen, die Ergebnisse überprüfen und richtige Lösungen bepunkten. Der Lehrer sollte dabei nur im Streitfall als Schiedsrichter auftreten. Wer erzielt die höchste Punktzahl im Paarwettbewerb, wer die höchste Punktzahl innerhalb der gesamten Französischgruppe?

Arbeitsblatt 2 testet die Schüler, inwieweit sie die wichtigen Verbformen von «avoir» und «être» bereits beherrschen.

SPIELVARIANTE

Für die Klassen 7–10 lässt sich der Schwierigkeitsgrad steigern, indem nach dem Muster der beigefügten Arbeitsblätter 3 und 4 die Schüler die richtigen Verbformen in den Zeitformen des «indicatif» bzw. «subjonctif»/«conditionnel» eintragen sollen.

SCÈNES DE VIE QUOTIDIENNE

Spielart:	Rollenspiel
Thema:	Kurzpräsentationen aus dem Alltag der Schüler
Ziel:	sich in einer Fremdsprache in Alltagssituationen zurechtfinden und dadurch die Sprachkompetenz erweitern
Klassenstufe:	5–10
Dauer:	15 Minuten
Sozialform:	Kleingruppen von 3–4 Schülern
Material:	10 Karteikarten

DURCHFÜHRUNG

Die Schüler bilden Kleingruppen von 3–4 Teilnehmern. Der Lehrer hat 10 Karteikarten mit Themen, die den Alltagsbereich der Schüler betreffen, vorbereitet. Als mögliche Themen bieten sich z. B. an:

- *Prendre le petit déjeuner*
- *Au marché*
- *Aller au supermarché*
- *Au café*
- *Au restaurant*
- *À l'école*
- *Rencontrer des amis*
- *Faire une fête*
- *Fêter Noël*
- *Fêter mon anniversaire*
- *Les vacances de mes rêves*

Jede Gruppe zieht eine der Karteikarten. Die zur Gruppe gehörenden Schüler setzen sich zusammen und bereiten sich innerhalb von 5 Minuten auf eine Kurzpräsentation ihres Themas vor. Nachdem jede Gruppe ihr Thema vorgestellt hat, wird von den Schülern eine Siegergruppe gekürt. Dafür können vorher gemeinsam Kategorien aufgestellt werden, nach denen die Kurzpräsentationen bewertet werden.

REFLEXION

Die weitaus meisten Schüler empfinden es als hilfreich, wenn der Lehrer während der Vorbereitungszeit von Gruppe zu Gruppe geht und unterstützend eingreift. Diese Hilfe sollte aber nur auf Wunsch der Schüler angeboten werden.

SPIELVARIANTE

Faire les courses au supermarché

Die Schüler bekommen den Auftrag, im Supermarkt einzukaufen. Es dürfen allerdings nur Gegenstände eingekauft werden, die mit einem bestimmten Buchstaben, den der Spielleiter vorher festgelegt hat, beginnen.

Beispiel für den Buchstaben **f**:

- *fromage*
- *farine*
- *faux-filet*
- *ficelle*
- *flageolets*
- *flûte*
- *fraises*
- *frites*
- *fast-food*
- *filet*
- *fétus*
- *figue*
- *fleurs*
- *foie gras*
- *framboises*
- *fruits*

Je zwei Spieler treten gegeneinander an. Nach einer vorher festgelegten Zeit werten sie gegenseitig die schriftlich notierten Begriffe aus. Im Bedarfsfall agiert der Lehrer als Schiedsrichter. Nachdem die Anzahl der richtigen Begriffe feststeht, liest der Schüler, der die meisten Wörter gefunden hat und damit auch Sieger des Spiels ist, seine Begriffe vor. Der Lehrer schreibt diese an die Tafel, die Schüler übertragen sie in das Vokabelheft.

PANTOMIME

Spielart:	Rollenspiel (Pantomime)
Ziel:	mündliche Ausdrucksfähigkeit üben
Klassenstufe:	5–10
Dauer:	10 Minuten
Sozialform:	alle Schüler

DURCHFÜHRUNG

Ein Schüler tritt vor die Klasse, wo ihm der Lehrer einen Zettel zeigt, auf dem verschiedene Situationen aufgeschrieben sind.

Beispiele:

- *Tu es un facteur/boucher/professeur/boulanger ...*
- *Tu es malade.*
- *Tu as faim/soif.*
- *Tu joues au basketball/tennis/football ...*
- *Tu regardes la télé/Tu lis un livre ...*
- *Tu es au restaurant/café/bistro ...*

Der Lehrer deutet mit dem Zeigefinger auf die Situation, die der Schüler pantomimisch umsetzen soll. Seine Mitschüler beschreiben über Wortmeldungen, was sie sehen oder äußern Vermutungen, welche Situation dargestellt wird. Der Schüler, der zuerst auf die Lösung kommt, darf die nächste Situation pantomimisch darstellen.

PERFECTIONNER L'ACCENT

Spielart:	Aussprachespiel
Thema:	Aussprache schwieriger Wörter
Ziel:	Training der Aussprache
Klassenstufe:	7–10
Dauer:	5 Minuten
Sozialform:	alle Schüler

DURCHFÜHRUNG

Der Lehrer schreibt 10 Wörter, bei denen die Schüler erfahrungsgemäß Probleme bei der Aussprache haben, an die Tafel. Solche Wörter können z. B. sein:

- *la femme*
- *évidemment*
- *la feuille*
- *honnêteté*
- *incroyablement*
- *particulièrement*
- *précaution*
- *rhume*
- *sincèrement*
- *technicien*

Zu Beginn des Spiels stehen alle Schüler an ihren Plätzen. Sie sprechen reihum das erste Wort in der Reihenfolge aus. Die Schüler, welche das Wort richtig ausgesprochen haben, dürfen stehen bleiben und an der nachfolgenden zweiten Runde teilnehmen. Schüler, die das Wort falsch ausgesprochen haben, setzen sich hin. Schüler, die alle Runden geschafft haben oder am weitesten gekommen sind, haben das Spiel gewonnen.

SPIELVARIANTE 1

Der Schwierigkeitsgrad lässt sich leicht steigern, indem die Schüler in einer weiteren Runde aus den vorgegebenen Wörtern einen Satz bilden sollen. Diese Spielrunde ist aber nur von einer sehr leistungsstarken Gruppe zu bewältigen, da die Schüler neben der korrekten Aussprache zusätzlich einen Satz bilden sollen, der sich von den Sätzen der Mitschüler unterscheidet. Um möglichst vielen Schülern gerecht zu werden, sollte diese Übung schriftlich durchgeführt werden. Eine Runde weiter kommen allerdings nach wie vor nur die Schüler, die auch in der Lage sind, ihren Satz vorzulesen.

SPIELVARIANTE 2

Der Lehrer schreibt gleich ausgesprochene Wörter (Homophone) an die Tafel. Jeder Schüler versucht, zu diesen Begriffen in einer vorgegebenen Zeit (5 Minuten) einen sinnvollen Satz zu bilden. Wer kann die meisten Sätze aufschreiben?

PERFECTIONNER L'ACCENT

Tafelanschrieb	Beispielsätze
ou – où – août	**Où** est mon pantalon? On va au cinéma **ou** au restaurant. En **août** il fait très chaud.
à – a	Mon amie vit **à** Paris. Il **a** beaucoup de livres.
ans – en	C'est un homme de cinquante **ans**. Cécile veut aller **en** France.
ce – se	**Ce** garçon a gagné le match. La mer **se** calme.
c'est – sait	**C'est** dommage! Il **sait** la réponse.
pris – prix	J'ai **pris** le paquet. Il a gagné le **prix**.
dans – dent	Elle est **dans** l'école. Ma **dent** me fait mal.
ça – sa	**Ça** m'intéresse. Maman vend **sa** maison.
son – sont – sans – sang	Elle aime **son** ami. Les élèves **sont** contents. On l'a arrêté **sans** papiers. Il a payé de son **sang.**
sent – cent	Il se **sent** bien. Ça fait **cent** Euros.
on – ont	**On** a acheté une voiture. Ils **ont** eu raison.
mon – mont – m'ont	C'est **mon** oncle. Le **Mont** Blanc est en France. Ils **m'ont** cherché.
la – là – l'as	**La** vie est bien. Elle est **là**. Tu **l'as** vu/e?
quand – camp	Elle est allée **quand** elle l'a vu. C´est un feu de **camp**.

HINWEISE

In der Praxis ist es für die Schüler hilfreich, wenn ihnen die deutsche Bedeutung und die Aussprache schwieriger Wörter bekannt ist. Ebenso begrüßen es die meisten Schüler, wenn der Lehrer die Schüler in der schriftlichen Bearbeitungsphase auf Wunsch unterstützt.

QUIZSPIELE
ZAHLEN-SPIELE
WÜRFEL-SPIELE
GEDÄCHTNIS-SPIELE
KONZENTRATIONSSPIELE
VOKABEL-SPIELE
GRAMMATIK-SPIELE
ROLLENSPIEL
AUSSPRACHE-SPIEL

MATERIAL FAIRE CONNAISSANCE DE LA FRANCE

100 QUESTIONS DE CIVILISATION

1. Wer ist aktueller französischer Staatspräsident?
   Qui est le Président actuel de la République Française?
   a) Irlande
   b) Hollande
   c) Allemande

2. Welche Farben hat die französische Nationalflagge?
   Quelles sont les couleurs du drapeau tricolore?
   a) schwarz, rot, blau
   a) noir, rouge, bleu
   b) blau, weiß, rot
   b) bleu, blanc, rouge
   c) grün, weiß, rot
   c) vert, blanc, rouge

3. Frankreich ist in 99 Verwaltungsbezirke eingeteilt. Man nennt sie ________________
   La France est divisée en 99 districts. On les appelle ________________
   a) quartiers
   b) arrondissements
   c) départements

4. Nationalfeiertag in Frankreich ist am ________________
   Un jour férié très important pour la France est le ________________
   a) 11. November/11 novembre
   b) 14. Juli/14 juillet
   c) 1. Mai/1er mai

5. Woran denken die Franzosen am Nationalfeiertag? Sie denken an ________________
   À qui ou à quoi est-ce que les Français pensent au 14 juillet? Ils pensent ________________
   a) die Kaiserkrönung Napoléons
   a) au couronnement de Napoléon
   b) das Ende des 1. Weltkrieges
   b) à la fin de la Première Guerre mondiale
   c) den Sturm auf die Bastille
   c) à la prise de la Bastille

6. Wie heißt die Nationalhymne Frankreichs?
   Quelle est l'expression pour l'hymne national de la France?
   a) Marseillaise
   b) Bouillabaisse
   c) Hollandaise

7. Wie heißt die französische Nationalflagge?
Quelle est l'expression pour le drapeau tricolore?
a) Bordelaise
b) Trikolore/Tricolore
c) Française

8. Die Losung der Französischen Revolution war «Liberté, Égalité, Fraternité». Was bedeutet «Fraternité»?
Des mots importants de la Révolution Française étaient «Liberté, Égalité, Fraternité». Qu'est-ce que ça veut dire
«Fraternité» en allemand?
a) Freiheit
b) Gleichheit
c) Brüderlichkeit

9. Womit wurden in der Französischen Revolution viele Menschen hingerichtet?
Avec quoi est-ce qu'on a exécuté beaucoup de gens pendant la Révolution Française?
a) Cantine
b) Turbine
c) Guillotine

10. Was bedeutet die Zahl auf dem französischen Autonummernschild?
Qu'est-ce que veut dire le numéro sur la plaque des voitures françaises?
a) Ort, aus dem das Auto kommt
a) la localité de laquelle vient la voiture?
b) PS-Zahl des Autos
b) le cheval-vapeur de la voiture
c) Alter des Autos
c) l'âge de la voiture

11. Der während der Französischen Revolution hingerichtete König war
____
A la fin de la Révolution Française on tuait un roi français. Son nom était ________________
a) Ludwig XIV./Louis XIV
b) Ludwig XV./Louis XV
c) Ludwig XVI./Louis XVI

12. Napoléon, Kaiser der Franzosen, hieß mit bürgerlichem Namen
Le nom civil de Napoléon, Empereur des Français, était
____
a) Bonaparte
b) Montmartre
c) Saladier

13. Wie viel Prozent der französischen Bevölkerung leben im Großraum von Paris?
Combien de pour cent de la population française vivent dans l'agglomération parisienne?
a) 10 Prozent/10 pour cent
b) 20 Prozent/20 pour cent
c) 30 Prozent/30 pour cent

14. Napoléons Ende wurde 1812 durch die militärische Niederlage gegen ein europäisches Land eingeleitet. Das Land war ________________
La fin militaire de Napoléon était marquée par la défaite contre
____
a) Schweden/la Suède
b) Spanien/l'Espagne
c) Russland/la Russie

15. Die Französische Revolution wurde ausgelöst durch ________________
La Révolution Française était provoquée par ________________
a) den Sturm auf die Bastille
a) la prise de la Bastille
b) den Sturm auf den Élysée-Palast
b) la prise de l'Élysée
c) den Sturm auf den Louvre
c) la prise du Louvre

16. Der Chef eines französischen Verwaltungsbezirks trägt den Titel ________________
Le chef d'un département est ________________
a) Bürgermeister/le maire
b) Präsident/le président
c) Präfekt/le préfet

17. In welcher französischen Stadt befindet sich das EU-Parlament?
Où est le siège du Parlement de l'Europe?
a) Bordeaux
b) Lyon
c) Straßburg/Strasbourg

18. Welche Währung hatte Frankreich vor dem Euro?
La monnaie française avant l'Euro était ________________
a) Franc/le Franc
b) Lire/la Lire
c) Gulden/le Florin

19. Ludwig XIV. nannte sich ________________
Louis XIV s'appellait ________________
a) Sternenprinz/le Prince des Étoiles
b) Mondfürst/le Duc de la Lune
c) Sonnenkönig/le Roi Soleil

20. Wie viele Einwohner hat Frankreich?
Combien d'habitants est-ce qu'il y a en France?
a) 110 Millionen/110 millions
b) 66 Millionen/66 millions
c) 90 Millionen/90 millions

21. Der Regierungssitz des Staatspräsidenten ist ________________
Le siège du gouvernement est ________________
a) der Louvre/le Louvre
b) das Palais Chaumbourg/le Palais Chambourg
c) der Élysée-Palast/l'Élysée

22. Name eines sehr bekannten französischen Schauspielers ________________
Le nom d'un acteur français est ________________
a) Petit
b) Dépardieu
c) Richelieu

23. Wie heißt ein deutsch-französischer Fernsehsender?
Quel est le nom d'un émetteur franco-allemand?
a) TGV
b) France Inter
c) Arte

24. In welcher Gegend Frankreichs spielen die Erlebnisse von Asterix und Obelix?
Les aventures d'Astérix et d'Obélix sont situées ________________
a) in Lothringen/en Lorraine
b) in der Provence/en Provence
c) in der Bretagne/en Bretagne

25. Ein berühmter französischer Maler war ________________
Un peintre français célèbre était ________________
a) Claude Monet
b) Pierre Cardin
c) Alexandre Dumas

26. Was ist in Frankreich die beste Schulnote?
La meilleure note en France est ________________
a) 10
b) 6
c) 20

27. Marseille ist eine Partnerstadt von ________________
Marseille est une ville jumelée de ________________
a) Hamburg/Hambourg
b) Bremen/Brême
c) Berlin/Berlin

28. An französischen Schulen gibt es Noten von ________________
En France il y a des notes de ________________
a) 0 – 10/zéro à dix
b) 0 – 15/zéro à quinze
c) 0 – 20/zéro à vingt

29. Die bekannteste französische Zeitung ist ________________
Le journal le plus célèbre en France est ________________
a) La Terre
b) Le Monde
c) La Lune

30. Ein bekannter französischer Schriftsteller war Alexandre Dumas. Er schrieb u. a. ________________
Un écrivain célèbre français était Alexandre Dumas. Il écrivait le livre ________________
a) Das unheimliche Schloss
a) Le Château Mystérieux
b) Napoléon Bonaparte
b) Napoléon Bonaparte
c) Die drei Musketiere
c) Les Trois Mousquetaires

31. Das bekannteste Bild im Louvre ist ________________
La peinture la plus célèbre au Louvre est ________________
a) Mona Lisa/La Joconde
b) Cosa Nostra/la Cosa Nostra
c) Elsa Lisa/l'Elsa Lisa

32. Das bekannteste Bild im Louvre wurde gemalt von ________________
Le peintre de la Joconde est ________________
a) Victor Hugo
b) Leonardo da Vinci
c) Dante

33. Die Sommerferien in Frankreich dauern ________________
Les grandes vacances en France ont une durée de ________________
a) 7 Wochen/sept semaines
b) 10 Wochen/dix semaines
c) 8 Wochen/huit semaines

34. Der «Imbiss» in Deutschland entspricht in Frankreich dem ________________
Ce qu'on appelle «Imbiss» en Allemagne c'est en France ________________
a) Bistro/le bistro
b) Restaurant/le restaurant
c) Café/le café

35. Ausdruck für «eine Französin» ________________
L'expression française pour «eine Französin» est ________________
a) une Françoise
b) une Francine
c) une Française

36. Welcher Jungenname kommt aus Frankreich?
Quel prénom masculin vient de la France?
a) Pascal
b) Pablo
c) Paul

37. Die Deutschen wünschen sich am 1. Januar «Ein gutes Neues Jahr». Was sagt man in Frankreich?
Qu'est-ce qu'on se souhaite le 1er janvier en France?
a) bonne année
b) bonne chance
c) bon anniversaire

38. Der französische Name für «Fleischerei» ist ________________
Le mot allemand «Fleischerei» veut dire en français ________________
a) la boulangerie
b) la boucherie
c) la charcuterie

39. Was bedeutet auf Französisch «Prost!»?
Quelle est l'expression française pour le mot allemand «Prost!»?
a) liberté!
b) santé!
c) égalité!

40. Das Wort «la glace» hat zwei Bedeutungen: das Eis und ________________
Le mot français «la glace» a deux significations en allemand: «das Eis» et ________________
a) der Spiegel
b) das Glas
c) das Tuch

41. Ein Laden, in dem man Milchprodukte einkaufen kann, ist eine ________________
Un magasin dans lequel on peut acheter des produits laitiers est une ________________
a) boucherie
b) épicerie
c) crémerie

42. Das Wort «beaucoup» ist ________________
Le mot «beaucoup» est ________________
a) ein Adjektiv/un adjectif
b) ein Mengenadverb/un adverbe de quantité
c) ein Substantiv/un substantif

43. Wünscht dir in Frankreich jemand Glück, sagt er ________________
Pour souhaiter bonne chance à qn en France on dit ________________
a) bonsoir
b) bonne nuit
c) bonne chance

44. Ein europäisches Land, in dem offiziell Französisch gesprochen wird, ist ________________
Un pays européen dans lequel on parle français est ________________
a) Österreich/l'Autriche
b) Belgien/la Belgique
c) Niederlande/les Pays-Bas

45. Der französische Ausdruck für «Gymnasium» ist ________________
L'expression française pour «Gymnasium» est ________________
a) école maternelle
b) lycée
c) école principale

46. Mit welchem Ausdruck gratuliert man in Frankreich zum Geburtstag?
Comment est-ce qu'on souhaite bon anniversaire en France?
a) bonne année
b) bon anniversaire
c) bonne nuit

47. Wie begrüßen sich Franzosen am Morgen?
Comment est-ce que les Français se saluent le matin?
a) bon matin
b) bonsoir
c) bonjour

48. Eine bekannte französische Modemarke ist ________________
Une maison de couture célèbre est ________________
a) Flanelle
b) Mirabelle
c) Chanel

49. In welcher französischen Stadt befindet sich der Hauptsitz von Airbus?
Où se trouve le siège central d'Airbus?
a) Dijon
b) Toulouse
c) Marseille

50. Was ist der T.G.V.?
Le T.G.V. est _______________
a) ein sehr schneller französischer Zug
a) un train français très rapide
b) eine französische Automarke
b) une marque de voiture française
c) ein französisches Flugzeug
c) un avion français

51. Der meistverkaufte PKW Frankreichs ist der _______________
La voiture la plus vendue en France est la _______________
a) Simca
b) Citroën
c) Renault

52. Der bekannteste französische Fußballverein ist _______________
L'équipe de football la plus célèbre en France est _______________
a) FC Bordeaux
b) Paris Saint Germain
c) St. Étienne

53. In Frankreich gibt es ca. 260 Pferderennbahnen. Wie viel ist das im Verhältnis zu allen europäischen Pferderennbahnen?
En France il y a 260 hippodromes. C'est combien par rapport à tous les hippodromes en Europe?
a) 20%
b) 50%
c) 70%

54. Wie heißt die bekannte Radrundfahrt in Frankreich?
Comment s'appelle le célèbre tour cycliste en France? C'est le _______________
a) Tour de Liberté
b) Tour d'Italie
c) Tour de France

55. Der Führende bei der Tour de France trägt ein Trikot in der Farbe _______________
Le cycliste leader du Tour de France porte le maillot _______________
a) gelb/jaune
b) rot/rouge
c) grün/vert

56. Wie oft war Frankreich Fußballweltmeister?
La France a été champion de football _______________
a) dreimal/trois fois
b) einmal/une fois
c) zweimal/deux fois

57. Wie heißt das beliebte Kugelspiel der Franzosen?
Le jeu le plus populaire en France c'est _______________
a) Moule
b) Boule
c) Balle

58. Der längste Fluss Frankreichs heißt _______________
Le fleuve le plus long en France c'est _______________
a) Rhone/le Rhône
b) Loire/la Loire
c) Garonne/la Garonne

59. In welcher Himmelsrichtung liegt Nizza?
La ville de Nice est située en France _______________
a) Norden/au nord
b) Osten/à l'est
c) Süden/au sud

60. Höchster Berg Frankreichs ist _______________
Le mont le plus haut de la France est _______________
a) le Mont Rouge
b) le Mont Bleu
c) le Mont Blanc

61. Drittgrößte Stadt Frankreichs ist _______________
La troisième ville en France est _______________
a) Toulouse
b) Lyon
c) Bordeaux

62. Wie heißt der Fluss, der durch Paris fließt?
Quel fleuve coule à Paris?
a) Seine/la Seine
b) Garonne/la Garonne
c) Moselle/la Moselle

63. Frankreich ist das _______________
La France est le _______________
a) zweitgrößte Land Europas
deuxième pays de l'Europe
b) drittgrößte Land Europas
troisième pays de l'Europe
c) fünftgrößte Land Europas
cinquième pays de l'Europe

64. An Frankreich grenzt _______________
Quelle mer confine à la France?
C´est _______________
a) der Pazifische Ozean/le Pacifique
b) der Atlantische Ozean/l'Atlantique
c) die Ostsee/la Mer Baltique

65. Welcher Fluss ist eine natürliche Grenze zwischen Deutschland und Frankreich?
Quel fleuve est une frontière naturelle entre la France et l'Allemagne?
a) Donau/le Danube
b) Rhein/le Rhin
c) Elbe/l'Elbe

66. Welcher Fluss fließt nicht durch Frankreich?
Quel fleuve ne coule pas en France?
a) Ebro/l'Ebre
b) Seine/la Seine
c) Rhone/le Rhône

67. Welches Land grenzt nicht an Frankreich?
Quel pays ne confine pas à la France?
a) Portugal/le Portugal
b) Deutschland/l'Allemagne
c) Belgien/la Belgique

68. Die Mittelmeerküste bei Marseille heißt ________________
La côte méditerranéenne près de Marseille est ________________
a) Costa Brava/la Costa Brava
b) Côte d'Azur/la Côte d'Azur
c) Costa del Sol/la Costa del Sol

69. Das Gebirge zwischen Frankreich und Spanien heißt
____
Les montagnes qui sont situées entre la France et l'Espagne sont
____
a) Ardennen/les Ardennes
b) Zentralmassiv/le Massif Central
c) Pyrenäen/les Pyrénées

70. Auf welcher Insel wurde Napoléon geboren?
Sur quelle île est-ce que Napoléon a été né?
a) Malta/la Malte
b) Korsika/la Corse
c) Sardinien/la Sardaigne

71. Auf welcher Insel starb Napoléon?
Napoléon est mort sur l'île de
____
a) Zypern/le Chypre
b) St. Helena/la Sainte-Hélène
c) Malta/la Malte

72. Eine Gegend Frankreichs, die einst zu Deutschland gehörte, ist
____
Il y a des années cette région de la France a appartenu à l'Allemagne
____
a) die Bretagne/la Bretagne
b) die Normandie/la Normandie
c) Elsass-Lothringen/l'Alsace et la Lorraine

73. Welches Gewässer trennt Frankreich von England?
La France est séparée de l'Angleterre par ________________
a) Ostsee/la Mer Baltique
b) Ärmelkanal/la Manche
c) Atlantischer Ozean/l'Atlantique

74. Frankreich sieht auf der Europakarte aus wie ein
____
Sur la carte d'Europe la France ressemble à ________________
a) Stiefel/une botte
b) Dreieck/un triangle
c) Sechseck/un hexagone

75. Welcher der drei folgenden Flüsse fließt sowohl durch Frankreich als auch durch Deutschland?
Lequel de ces fleuves traverse non seulement la France mais encore l'Allemagne?
a) Mosel/la Moselle
b) Main/le Main
c) Rhone/le Rhône

76. Welche der drei Mittelmeerinseln gehört zu Frankreich?
Laquelle de ces îles méditerranéennes appartient à la France?
a) Malta/la Malte
b) Mallorca/la Majorque
c) Korsika/la Corse

77. Marseille liegt in Frankreich ________________
La ville de Marseille est située en France ________________
a) im Norden/au nord
b) im Westen/à l'ouest
c) im Süden/au sud

78. Wo liegt Frankreich in Europa?
La France est située en Europe
a) im Norden/au nord
b) im Westen/à l'ouest
c) im Süden/au sud

79. Ein Symboltier Frankreichs ist ________________
Un animal qui symbolise la France est ________________
a) der Löwe/le lion
b) der Hahn/le coq
c) der Bär/l'ours

80. Wie hoch ist der Eiffelturm?
Quelle est la hauteur de la Tour Eiffel?
a) 240 m
b) 320 m
c) 420 m

81. Wo kann man sich die Mona Lisa anschauen?
Où est-ce qu'on peut regarder La Joconde?
a) in der Kirche Sacré-Cœur dans l'église Sacré Cœur
b) im Louvre/dans le Louvre
c) in der Kathedrale Notre-Dame/dans la cathédrale Notre Dame

82. Aus welchem Material besteht der Eiffelturm?
De quel matériau est faite la Tour Eiffel? Elle est construite
a) Aluminium/d'aluminium
b) Eisen/de fer
c) Stahl/d'acier

83. Wie wird Paris auch genannt?
Un nom pour Paris est ________________
a) Stadt der Weine/la ville de vins
b) Stadt der Liebe/la ville d'amour
c) Stadt der Rosen/la ville de roses

84. Die berühmteste Seine-Brücke ist die ________________
Le pont le plus célèbre à Paris est le ________________
a) Pont Sept
b) Pont Trois
c) Pont Neuf

85. In Paris befindet sich das weltgrößte Museum. Es heißt _______________
À Paris il y a le plus grand musée du monde. C'est le _______________
a) Panthéon
b) Centre Pompidou
c) Louvre

86. Die Pariser U-Bahn heißt _______________
Le Métropolitain de Paris s'appelle le _______________
a) Rétro
b) Métro
c) Clairveau

87. Der Eiffelturm wurde gebaut anlässlich _______________
La Tour Eiffel a été construite à cause _______________
a) der Jahrhundertwende
a) du changement du siècle
b) einer Olympiade
b) des jeux olympiques
c) einer Weltausstellung
c) d'une exposition universelle

88. Die französische Stadt des Filmfestivals ist _______________
Une ville française qui est célèbre pour son festival de cinéma est _______________
a) Nizza/Nice
b) Cannes/Cannes
c) Marseille/Marseille

89. Das bekannteste französische Schloss heißt _______________
Le château le plus célèbre en France est _______________
a) Versailles
b) Chaumbourg
c) Château du Pape

90. Die älteste Universität Europas steht in Paris. Es ist die _______________
L'université la plus ancienne de l'Europe est la _______________
a) Germaine
b) Claudette
c) Sorbonne

91. Wofür ist das Loiretal bekannt?
La vallée de la Loire est très célèbre
a) für sein gutes Essen
pour ses repas délicieux
b) für seine Schlösser
pour ses châteaux
c) für seinen Wein
pour son vin

92. Wie heißt die berühmteste Kathedrale Frankreichs?
Quelle est la cathédrale la plus célèbre en France?
a) Sacré Cœur
b) Notre Fleur
c) Notre Dame

93. Was ist die Champs-Élysées?
Qu'est-ce que c'est «Les Champs Élysées»?
a) ein Pariser Stadtviertel/un quartier à Paris
b) ein bekanntes Pariser Bauwerk/un édifice bien connu à Paris
c) eine Pariser Prachtstraße/l'avenue la plus célèbre à Paris

94. Name für eine südfranzösische Fischsuppe _______________
Dans le sud de la France on mange une soupe de poissons. C'est une _______________
a) Bouillabaisse
b) Marseillaise
c) Mayonnaise

95. Name für ein geschmortes französisches Gemüsegericht _______________
L'expression pour une sorte de potée française est une _______________
a) hollandaise
b) bredouille
c) ratatouille

96. Zu einem ausgiebigen französischen Essen gehört _______________
En France c'est important pour le dîner. C´est _______________
a) une ficelle
b) une brioche
c) un apéritif

97. In einem französischen Restaurant empfiehlt der Ober «plat du jour». Was meint er damit?
Qu'est-ce que c'est: «plat du jour»?
a) Vorspeise/l'entrée
b) Tagesgericht/le plat du jour
c) ein alkoholisches Getränk/une boisson alcoolisée

98. Wie viele französische Käsesorten produziert Frankreich in etwa?
Combien de sortes de fromages est-ce qu'il y a en France?
a) 100 Sorten/100 sortes
b) 250 Sorten/250 sortes
c) 450 Sorten/450 sortes

99. Welche Form hat ein Croissant?
Quelle forme a un croissant?
a) rund/rond
b) gerade/droit
c) gebogen/tordu

100. Eine der französischen Käsesorten heißt _______________
Une sorte de fromages français est
a) Edamer/l'Edam
____
b) Brie/le Brie
c) Poulard/le Poulard

Lösungen S. 71

MATERIAL ALLEZ LES BLEUS

SPIELFELD

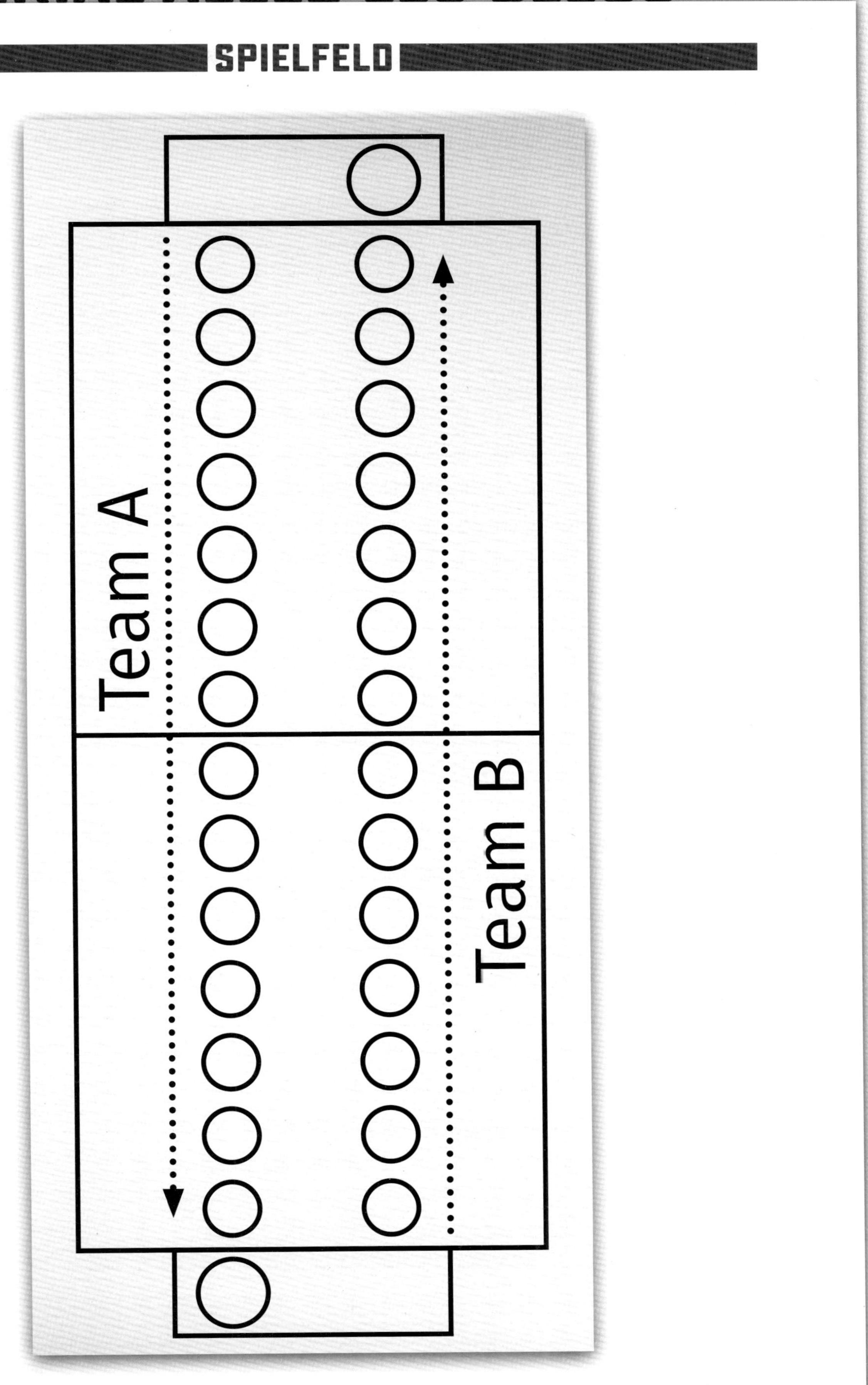

MATERIAL BINGO

2	15	11	63	94	67	83	49	7	74
17	27	30	52	72	43	86	75	89	69
81	6	98	68	96	28	65	53	64	19
66	50	87	56	33	59	4	14	97	60
13	73	79	5	70	8	77	3	20	92
100	36	44	46	16	1	26	34	82	71
41	18	35	25	24	37	93	12	62	23
55	40	22	57	48	99	78	51	21	90
91	39	76	38	88	58	47	32	84	10
9	73	54	85	45	61	80	29	42	95

8	64	43	54	1	65	17	71	38	75
63	26	20	62	50	37	78	7	84	19
4	57	79	42	16	89	44	66	36	91
85	25	5	80	33	27	90	3	72	18
32	73	41	61	53	34	58	15	83	99
51	24	93	40	2	96	35	98	22	59
31	48	11	74	29	46	76	6	45	94
14	56	81	47	86	60	12	67	52	77
69	88	13	68	10	28	95	23	100	30
9	55	92	39	82	49	70	97	21	87

7	47	76	37	25	64	75	54	68	17
69	80	11	82	53	6	16	30	42	63
62	36	52	27	86	46	90	3	93	55
18	41	2	89	15	74	81	29	45	87
24	58	35	85	92	40	10	73	67	23
88	44	14	79	31	5	59	28	34	72
70	4	50	95	19	65	26	39	78	94
43	56	77	9	96	32	97	20	33	48
99	13	98	57	49	8	71	60	1	83
21	61	84	100	12	91	28	66	51	22

43	21	39	60	28	78	69	77	63	79
13	71	65	33	93	28	54	23	42	34
47	73	3	89	36	14	85	68	10	95
55	20	53	24	94	7	76	27	72	56
90	62	9	44	22	38	91	19	46	96
12	70	52	29	80	32	57	64	6	67
40	41	2	48	59	97	15	58	37	86
35	50	17	82	8	75	98	11	100	26
30	66	83	31	99	5	25	45	61	87
4	81	74	92	49	88	16	84	51	1

96	35	98	22	59	51	24	93	40	2
46	76	6	45	94	31	48	11	74	29
60	12	67	52	77	14	56	81	47	86
28	95	23	100	30	69	88	13	68	10
49	70	97	21	87	9	55	92	39	82
65	17	71	38	75	8	64	43	54	1
37	78	7	84	19	63	26	20	62	50
89	44	66	36	91	4	57	79	42	16
27	90	3	72	18	85	25	5	80	33
34	58	15	83	99	32	73	41	61	53

64	75	54	68	17	88	44	14	79	31
6	16	30	42	63	70	4	50	95	19
46	90	3	93	55	43	56	77	9	96
74	81	29	45	87	99	13	98	57	49
40	10	73	67	23	21	61	84	100	12
5	59	28	34	72	7	47	76	37	25
65	26	39	78	94	69	80	11	82	53
32	97	20	33	48	62	36	52	27	86
8	71	60	1	83	18	41	2	89	15
91	28	66	51	22	24	58	35	85	92

MATERIAL TOUR DE FRANCE

STÄDTE-INFORMATIONEN

- Wir starten unsere Busrundfahrt durch Frankreich in der im Norden gelegenen Stadt **Lille**, mit über 100.000 Studenten und vier Universitäten ein wahres Bildungszentrum.
- Die im 2. Weltkrieg durch Bombardements zerstörte Kathedrale von **Rouen** gilt als «Wunder des Wiederaufbaus». Rücke 2 Felder vor!
- Du bist in **Caen**, der Metropole der Unteren Normandie, angekommen. Leider hast du einen Tag mit viel Regen erwischt. Gehe ein Feld zurück!
- Du besichtigst die Rennstrecke von **Le Mans** und fühlst dich beflügelt. Rücke ein Feld vor!
- **Rennes** ist die Hauptstadt der französischen Region und des früheren Herzogtums Bretagne.
- **Brest** ist eine bedeutende Hafenstadt und ein wichtiger Handels- und Marinehafen. Rücke ein Feld vor!
- **Nantes**, die sechstgrößte Stadt Frankreichs, wurde im Jahr 2013 «Umwelthauptstadt Europas».
- **La Rochelle** ist eine bedeutende französische Hafenstadt und Partnerstadt von Lübeck. In einem Restaurant hast du sehr gut gegessen. Rücke zwei Felder vor!
- **Bordeaux**, die neuntgrößte Stadt Frankreichs, ist Universitätsstadt und politisches und wirtschaftliches Zentrum des französischen Südwestens.
- **Pau** ist für seine Motorsport- und Pferdesportveranstaltungen bekannt. Leider hast du bei einem Pferderennen auf das falsche Pferd gesetzt. Gehe drei Felder zurück!
- **Toulouse**, die viertgrößte Stadt Frankreichs, ist die Flugzeug- und Weltraumhauptstadt des Landes.
- **Montpellier** ist eine der größten Städte an der französischen Mittelmeerküste mit drei Universitäten und über 60.000 Studenten. Du benötigst Zeit zur Besichtigung. Setze eine Runde aus!
- **Marseille**, die zweitgrößte französische Stadt, ist die wichtigste Hafenstadt des Landes und Partnerstadt von Hamburg. Du hast leider viel zu viel von der köstlichen Bouillabaisse, einer Fischsuppe, gegessen. Gehe fünf Felder zurück!
- **Grasse** ist die Welthauptstadt des Parfums. Du hast preisgünstig einen tollen «Duft» erworben. Rücke ein Feld vor!
- **Grenoble** ist die größte am Hochgebirge liegende Stadt der Alpen.
- **Lyon**, die drittgrößte französische Stadt, genießt in der Gastronomie einen ausgezeichneten Ruf. Die Altstadt wurde zum Weltkulturerbe erklärt.
- Die Stadt **Dijon** ist international berühmt für ihren Senf und sie ist ein wichtiger Handelsplatz für Burgunderweine.
- **Metz** war der Hauptort der früheren Region Lothringen. Leider hat unser Bus eine Reifenpanne. Gehe vier Felder zurück!
- In der Stadt **Reims** wird der weltberühmte und beliebte Champagner hergestellt.
- Du hast **Paris**, das «Herz Frankreichs» und eine bedeutende Welthauptstadt, erreicht und damit das Spiel gewonnen.

MATERIAL TOUR DE FRANCE

SPIELPLAN «FRANKREICHRUNDFAHRT»

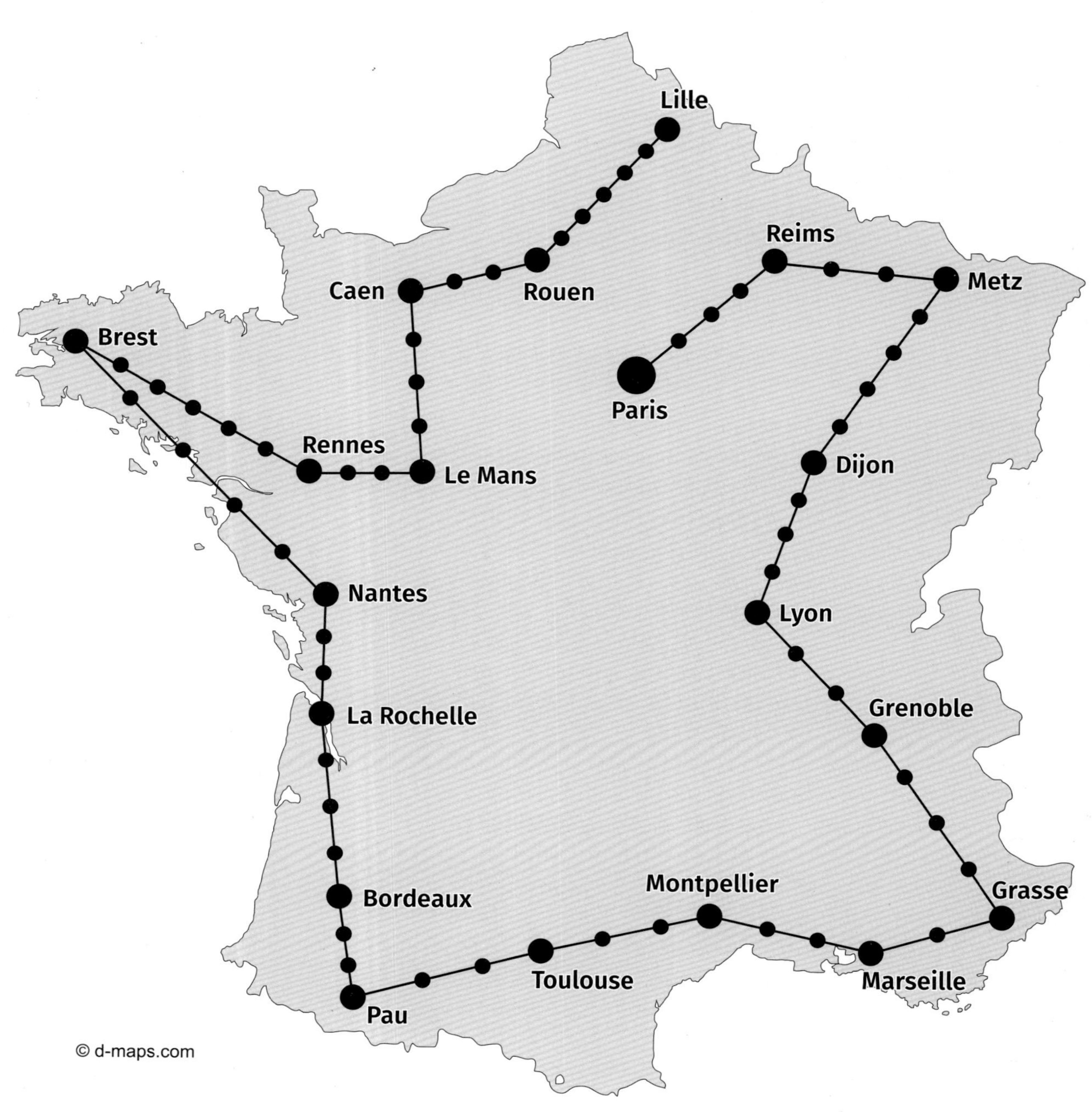

MATERIAL JEU DE RÉSEAU

FINDE DIE JEWEILS VORGEGEBENEN ZEHN BEGRIFFE

Version A

Zahlen (un, trois, quatre, six, sept, neuf, dix, onze, vingt, cent)

C	S	I	X	P	Q	N
E	N	W	I	K	U	E
N	U	T	D	O	A	U
T	R	O	I	S	T	F
X	O	N	Z	E	R	A
Z	Y	C	D	P	E	L
V	I	N	G	T	W	V

Getränke (café, thé, cognac, lait, pastis, jus, eau, vin, pernod, bière)

C	A	F	E	H	T	P
O	L	R	I	G	D	E
G	A	S	J	O	R	N
N	I	V	N	E	S	O
A	T	R	I	H	J	U
C	E	B	K	Q	U	A
P	A	S	T	I	S	E

Verkehrsmittel (bus, tram, train, vélo avion, fusée, landau, taxi, métro, pédalo)

B	U	S	M	A	R	T
I	P	U	E	V	J	R
X	E	A	T	I	E	A
A	D	D	R	O	E	I
T	A	N	O	N	S	N
B	L	A	U	Q	U	P
T	O	L	E	V	F	D

Körperteile (cou, coude, pied, bras, doigt, jambe, cœur, dent, nez, main)

C	O	U	D	E	I	P
N	E	Z	O	T	G	H
S	I	K	I	N	A	R
A	L	N	G	E	X	U
R	B	I	T	D	A	E
B	D	A	C	R	L	O
J	A	M	B	E	F	C

Farben (orange, jaune, marron, brun, rouge, blanc, lilas, or, bleu, noir)

Z	E	N	U	A	J	O
N	R	E	G	U	O	R
O	U	E	L	B	S	A
R	N	P	R	L	A	N
R	U	S	U	A	L	G
A	R	I	O	N	I	E
M	B	N	W	C	L	G

Lösungen S. 72

FINDE DIE JEWEILS VORGEGEBENEN ZEHN BEGRIFFE

Version B

Zahlen

C	S	I	X	P	Q	N
E	N	W	I	K	U	E
N	U	T	D	O	A	U
T	R	O	I	S	T	F
X	O	N	Z	E	R	A
Z	Y	C	D	P	E	L
V	I	N	G	T	W	V

Getränke

C	A	F	E	H	T	P
O	L	R	I	G	D	E
G	A	S	J	O	R	N
N	I	V	N	E	S	O
A	T	R	I	H	J	U
C	E	B	K	Q	U	A
P	A	S	T	I	S	E

Verkehrsmittel

B	U	S	M	A	R	T
I	P	U	E	V	J	R
X	E	A	T	I	E	A
A	D	D	R	O	E	I
T	A	N	O	N	S	N
B	L	A	U	Q	U	P
T	O	L	E	V	F	D

Körperteile

C	O	U	D	E	I	P
N	E	Z	O	T	G	H
S	I	K	I	N	A	R
A	L	N	G	E	X	U
R	B	I	T	D	A	E
B	D	A	C	R	L	O
J	A	M	B	E	F	C

Farben

Z	E	N	U	A	J	O
N	R	E	G	U	O	R
O	U	E	L	B	S	A
R	N	P	R	L	A	N
R	U	S	U	A	L	G
A	R	I	O	N	I	E
M	B	N	W	C	L	G

Lösungen S. 72

MATERIAL JEU DE SYLLABES

ARBEITSBLATT

Bilde aus den vorgegebenen Silben die gesuchten Lösungswörter. Die Anfangsbuchstaben der Lösungswörter ergeben, von oben nach unten gelesen, den Namen einer französischen Königin.

an – ar – chi – die – é – en – es – fant – gat – ge – gie – i – im – lette lie – lo – ly – ma – mac – man – man – ni – nor – nou – o – o – pé – pie- ra ra – ran – rou – saire – sée – ta – ta – tecte – thé – thé – tif – to – ver – xi

1. Koseform für Mutter
   ____
2. Beruf im Baugewerbe
   ____
3. Glücksspiel
   ____
4. Befehlsform
   ____
5. Sitz des französischen Präsidenten
   ____
6. persönlicher Feiertag
   ____
7. Region in Frankreich
   ____
8. Verkehrsmittel
   ____
9. Obstsorte
   ____
10. europäisches Land
    ____
11. Süßigkeit aus Mandeln
    ____
12. Familienmitglied
    ____
13. Studienfach
    ____
14. medizinische Verordnung
    ____
15. Organ des menschlichen Körpers
    ____

Lösungsbuchstaben: _ _ _ _ _ _ _ _ _ _ _ _ _ _ _

Lösungen S. 73

MATERIAL TROUVEZ L'INTRUS

ARBEITSBLATT TROUVEZ L'INTRUS

Finde in den einzelnen Wortreihen jeweils das falsche Wort heraus.

1. le livre – le stylo – la brioche – le cahier
2. la cerise – le cognac – la limonade – le coca
3. le raisin – la poire – la pomme – l'oiseau
4. le tigre – le nuage – le lion – la vache
5. la jupe – le manteau – la chaise – la chemise
6. la bicyclette – la voiture – le plateau – le tram
7. le cadeau – la salle à manger – le salon – la cave
8. la limonade – le dessert – le thé – le café
9. la craie – le cahier d'exercice – la bouteille – la règle
10. le chien – le cheval – l'église – l'ours

Lösungen S. 74

ARBEITSBLATT SPIELVARIANTE 1

Complétez par un mot de la même famille.

1. artichaut – salade – carotte – ....
2. jaune – rouge – vert – ....
3. cent – cinq – soixante – ....
4. le rugby – le football – le tennis – ....
5. l'eau – le vin – la bière – ....
6. le tableau – l'éponge – le crayon – ....
7. le cheval – l'éléphant – le chat – ....
8. le taxi – l'avion – la voiture – ....
9. la salle de bains – la chambre – le salon – ....
10. le blouson – les chaussettes – le pantalon – ....

Lösungen S. 74

ARBEITSBLATT SPIELVARIANTE 2

Trouvez les opposés.

1. rond/e – ....
2. noir/e – ....
3. gros/se – ....
4. chaud/e – ....
5. jeune – ....
6. le premier/la première – ....
7. la vie – ....
8. lent/e – ....
9. haut/e – ....
10. riche – ....
11. clair/e – ....
12. payer – ....
13. demain – ....
14. le passé – ....
15. grand/e – ....

Lösungen S. 74

MATERIAL LE PRÉSENT ET LE PASSÉ COMPOSÉ

ARBEITSBLATT LE PRÉSENT

1. il .... (voir)
2. je .... (faire)
3. elle .... (aller)
4. nous .... (être)
5. vous .... (avoir)
6. tu .... (jouer)
7. ils .... (écrire)
8. elles .... (regarder)
9. nous .... (manger)
10. vous .... (lire)
11. tu .... (rire)
12. je .... (pouvoir)
13. il .... (dire)
14. vous .... (chanter)
15. nous .... (courir)
16. elle .... (boire)
17. elles .... (ouvrir)
18. il .... (sortir)
19. ils .... (avoir)
20. je .... (être)

Lösungen S. 75

ARBEITSBLATT SPIELVARIANTE LE PASSÉ COMPOSÉ

1. il .... (être)
2. je .... (avoir)
3. nous .... (sortir)
4. vous .... (ouvrir)
5. elles .... (boire)
6. tu .... (courir)
7. elle .... (chanter)
8. vous .... (dire)
9. je .... (pouvoir)
10. vous .... (rire)
11. ils .... (lire)
12. elle .... (manger)
13. tu .... (regarder)
14. elle .... (écrire)
15. il .... (jouer)
16. tu .... (avoir)
17. il .... (être)
18. nous .... (aller)
19. elles .... (faire)
20. je .... (voir)

Lösungen S. 75

ARBEITSBLATT «AVOIR ET ÊTRE» 1

Finde mögliche und sinnvolle Ergänzungen.

1. Jean et Jacques sont ....
2. Marie a ....
3. Nous sommes ....
4. Vous avez ....
5. Papa a ....
6. Elles ont ....
7. Maman est ....
8. Les enfants sont ....
9. Je suis ....
10. Tu es ....
11. J'ai ....
12. Nous avons ....
13. Mes amis sont ....
14. Vous êtes ....
15. Jacqueline est ....

Lösungen S. 76

ARBEITSBLATT «AVOIR ET ÊTRE» 2

Setze die richtige Form von «avoir» bzw. «être» ein.

1. Brigitte .... 15 ans.
2. Les élèves .... heureux.
3. J'.. bonne chance.
4. Nous .... à la maison.
5. Gisèle .... dans la salle de séjour.
6. Nous .... beaucoup de bonbons.
7. Je .... chez mon amie.
8. Elles .... deux frères.
9. Ils .... dans la rue.
10. Tu .... perdu le match.
11. Mes parents .... au supermarché.
12. Le professeur .... très nerveux.
13. Les élèves .... écrit une lettre.
14. Vous .... derrière la maison.
15. Vous .... un grand jardin.

Lösungen S. 76

ARBEITSBLATT «AVOIR ET ÊTRE» 3

Trage die entsprechenden Zeitformen im «indicatif» ein.

1. Il .... (être/imparfait)
2. Nous .... (avoir/futur simple)
3. Elle .... (être/plus-que-parfait)
4. J' .... (avoir/plus-que-parfait)
5. J' .... (avoir/futur antérieur)
6. Nous .... (être/passé composé)
7. Je .... (être/passé simple)
8. Tu .... (avoir/futur simple)
9. Elles .... (avoir/passé antérieur)
10. Elles .... (avoir/imparfait)
11. Il .... (être/futur antérieur)
12. Ils .... (être/futur simple)
13. Vous .... (avoir/futur simple)
14. Nous .... (être/passé antérieur)
15. Tu .... (être/imparfait)

Lösungen S. 76

ARBEITSBLATT «AVOIR ET ÊTRE» 4

Trage die entsprechenden Zeitformen im «subjonctif»/»conditionnel» ein.

1. que nous .... (avoir/présent/subjonctif)
2. nous .... (être/imparfait/conditionnel)
3. que tu .... (avoir/plus-que-parfait/subjonctif)
4. que j' .... (avoir/passé/subjonctif)
5. elles .... (être/passé 2e forme/conditionnel)
6. vous .... (être/présent/conditionnel)
7. ils .... (avoir/passé 2e forme/conditionnel)
8. que vous .... (être/présent/subjonctif)
9. que nous .... (être/imparfait/subjonctif)
10. que j' .... (être/plus-que-parfait/subjonctif)
11. tu .... (avoir/passé 1ère forme/conditionnel)
12. vous .... (avoir/présent/conditionnel)
13. j' .... (être/passé 1ère forme/conditionnel)
14. qu'ils .... (être/passé/subjonctif)
15. j' .... (avoir/présent/conditionnel)

Lösungen S. 76

VOKABELHILFEN

DES MOTS OPPOSÉS

rond/e	carré/e
le ciel	l'enfer
le passé	le futur
petit/e	grand/e
demain	hier
payer	vendre
clair/e	sombre
riche	pauvre
haut/e	bas/se
lent/e	rapide
la vie	la mort
le premier/la première	le dernier/la dernière
jeune	vieux/vieil/vieille
chaud/e	froid/e
gros/se	maigre
noir/e	blanc/blanche
sur	sous
l'ami/e	l'ennemi/e
avec	sans
doux/douce	acide
bon/bonne	mauvais/e
l'été	l'hiver
faible	fort/e
la paix	la guerre
la jeunesse	la vieillesse
le soir	le matin
le jour	la nuit
cher/chère	bon marché
la victoire	la défaite
le bonheur	le malheur
derrière	devant

DES SYNONYMES

le congé	les vacances
aimable	gentil/le
riche	fortuné/e
la rue	la route/le chemin
malade	souffrant/e
l'école	le lycée
l'argent	la monnaie
le pantalon	le jean
la salle	la chambre
le salon	la salle de séjour
la plage	le bord de la mer
la mer	l'océan
l'Orient	l'Occident
le pays	l'état
l'animal	la bête

LÖSUNGEN FAIRE CONNAISSANCE DE LA FRANCE

1 b
2 c
3 c
4 b
5 c
6 a
7 b
8 b
9 c
10 a
11 c
12 a
13 b
14 c
15 a
16 c
17 c
18 a
19 c
20 b
21 c
22 b
23 c
24 c
25 a
26 c
27 a
28 c
29 b
30 c
31 a
32 b
33 c
34 a
35 c
36 a
37 a
38 b
39 b
40 a
41 c
42 b
43 c
44 b
45 b
46 b
47 c
48 c
49 b
50 a
51 c
52 b
53 a
54 c
55 a
56 b
57 b
58 b
59 c
60 c
61 b
62 a
63 a
64 b
65 b
66 a
67 a
68 b
69 c
70 b
71 b
72 c
73 b
74 c
75 a
76 c
77 c
78 b
79 b
80 b
81 b
82 b
83 b
84 c
85 c
86 b
87 c
88 b
89 a
90 c
91 b
92 c
93 c
94 a
95 c
96 c
97 b
98 c
99 c
100 b

LÖSUNGEN

LÖSUNGEN JEU DE RÉSEAU

Zahlen

C	S	I	X	P	Q	N
E	N	W	I	K	U	E
N	U	T	D	O	A	U
T	R	O	I	S	T	F
X	O	N	Z	E	R	A
Z	Y	C	D	P	E	L
V	I	N	G	T	W	V

Getränke

C	A	F	E	H	T	P
O	L	R	I	G	D	E
G	A	S	J	O	R	N
N	I	V	N	E	S	O
A	T	R	I	H	J	U
C	E	B	K	Q	U	A
P	A	S	T	I	S	E

Verkehrsmittel

B	U	S	M	A	R	T
I	P	U	E	V	J	R
X	E	A	T	I	E	A
A	D	D	R	O	E	I
T	A	N	O	N	S	N
B	L	A	U	Q	U	P
T	O	L	E	V	F	D

Körperteile

C	O	U	D	E	I	P
N	E	Z	O	T	G	H
S	I	K	I	N	A	R
A	L	N	G	E	X	U
R	B	I	T	D	A	E
B	D	A	C	R	L	O
J	A	M	B	E	F	C

Farben

Z	E	N	U	A	J	O
N	R	E	G	U	O	R
O	U	E	L	B	S	A
R	N	P	R	L	A	N
R	U	S	U	A	L	G
A	R	I	O	N	I	E
M	B	N	W	C	L	G

LÖSUNGEN JEUX DE SYLLABES

1. **M**aman
2. **A**rchitecte
3. **R**oulette
4. **I**mpératif
5. **É**lysée
6. **A**nniversaire
7. **N**ormandie
8. **T**axi
9. **O**range
10. **I**talie
11. **N**ougat
12. **E**nfant
13. **Th**éologie
14. **Th**érapie
15. **E**stomac

Lösungswort: **M A R I E A N T O I N E T T E**

LÖSUNGEN TROUVEZ L'INTRUS

Lösungen Arbeitsblatt
Trouvez l'intrus

1. la brioche
2. la cerise
3. l'oiseau
4. le nuage
5. la chaise
6. le plateau
7. le cadeau
8. le dessert
9. la bouteille
10. l'église

Lösungen Spielvariante 1 Complétez par un mot de la même famille

1. tomate
2. bleu
3. deux
4. le basketball
5. le lait
6. la gomme
7. la souris
8. le vélo
9. la salle à manger
10. la chemise

Lösungen Spielvariante 2
Trouvez les opposés

1. carré/e
2. blanc/blanche
3. maigre
4. froid/e
5. vieux/vieil/vieille
6. le dernier/la dernière
7. la mort
8. rapide
9. bas/se
10. pauvre
11. sombre
12. vendre
13. hier
14. le futur
15. petit/e

LÖSUNGEN LE PRÉSENT ET LE PASSÉ COMPOSÉ

Lösungen Arbeitsblatt
Le Présent

1. il voit
2. je fais
3. elle va
4. nous sommes
5. vous avez
6. tu joues
7. ils écrivent
8. elles regardent
9 nous mangeons
10. vous lisez
11. tu ris
12. je peux
13. il dit
14. vous chantez
15. nous courons
16. elle boit
17. elles ouvrent
18. il sort
19. ils ont
20. je suis

Lösungen Arbeitsblatt Spielvariante
Le Passé Composé

1. il a été
2. j'ai eu
3. nous sommes sorti(e)s
4. vous avez ouvert
5. elles ont bu
6. tu as couru
7. elle a chanté
8. vous avez dit
9. j'ai pu
10. vous avez ri
11. ils ont lu
12. elle a mangé
13. tu as regardé
14. elle a écrit
15. il a joué
16. tu as eu
17. il a été
18. nous sommes allé(e)s
19. elles ont fait
20. j'ai vu

LÖSUNGEN AVOIR ET ÊTRE

Lösungen Arbeitsblatt 1

1. malade
2. une belle robe
3. très contents
4. bonne chance
5. une voiture rouge
6. deux chiens
7. fatiguée
8. silents
9. heureux
10. mon ami
11. son fils
12. un bon repas
13. génials
14. gentil
15. aimable

Lösungen Arbeitsblatt 2

1. a
2. sont
3. ai
4. sommes
5. est
6. avons
7. suis
8. ont
9. sont
10. as
11. sont
12. est
13. ont
14. êtes
15. avez

Lösungen Arbeitsblatt 3

1. était
2. aurons
3. avait été
4. avais eu
5. aurai eu
6. avons été
7. fus
8. auras
9. eurent eu
10. avaient
11. aura été
12. seront
13. aurez
14. eûmes été
15. étais

Lösungen Arbeitsblatt 4

1. que nous ayons
2. nous aurions été
3. que tu eusses eu
4. que j'aie eu
5. elles eussent été
6. vous seriez
7. ils eussent eu
8. que vous soyez
9. que nous fussions
10. que j'eusse été
11. tu aurais eu
12. vous auriez
13. j'aurais été
14. qu'ils aient été
15. j'aurais

FÜR IHRE NOTIZEN

BILDQUELLEN

Kapitel-Piktogramme:

Quizspiele:	Julia Flasche
Zahlenspiele:	Barbara Gerth
Würfelspiele:	Barbara Gerth
Gedächtnisspiele:	Julia Flasche
Konzentrationsspiele:	Stefan Lucas
Vokabelspiele:	Barbara Gerth
Grammatikspiele:	Julia Flasche
Rollenspiele:	Stefan Lucas
Ausspracheспiel:	Stefan Lucas

Seite 13

Katze: Barbara Gerth

Seite 31

Treppe: Barbara Gerth

Jederzeit optimal vorbereitet in den Unterricht?